创新教育理念下的
体育课程建设与教学管理研究

耿剑峰 著

新 华 出 版 社

图书在版编目 (CIP) 数据

创新教育理念下的体育课程建设与教学管理研究 /
耿剑峰著 . — 北京 : 新华出版社 , 2020.7

ISBN 978-7-5166-5189-6

Ⅰ . ①创⋯ Ⅱ . ①耿⋯ Ⅲ . ①体育教学 – 教学研究
Ⅳ . ① G807.01

中国版本图书馆 CIP 数据核字（2020）第 101273 号

创新教育理念下的体育课程建设与教学管理研究

著　　者：耿剑峰

责任编辑：蒋小云　　　　　　　　　　封面设计：崔　蕾

出版发行：新华出版社

地　　址：北京石景山区京原路 8 号　　　邮　　编：100040

网　　址：http://www.xinhuapub.com

经　　销：新华书店

　　　　　新华出版社天猫旗舰店、京东旗舰店及各大网店

购书热线：010-63077122　　　　中国新闻书店购书热线：010-63072012

照　　排：北京亚吉飞数码科技有限公司

印　　刷：北京亚吉飞数码科技有限公司

成品尺寸：170mm × 240mm

印　　张：13　　　　　　　　　　字　　数：233 千字

版　　次：2021 年 6 月第一版　　　　印　　次：2021 年 6 月第一次印刷

书　　号：ISBN 978-7-5166-5189-6

定　　价：62.00 元

前　言

　　社会发展和时代进步对社会各行各业提出了全新的要求,对于教育行业来说,在创新教育理念下开展各项工作实为必然。创新教育理念是推动学校体育教学与管理全面深化改革的重要思想体系,创新教育又是素质教育的延伸、拓展和深化,是培养高素质创造性人才的重要途径。在创新教育理念的指导下,我国学校体育教育体系发生了显著的变化。在学校体育教育中,体育课程居于核心地位,如何创新地开展体育课程建设工作,直接影响学校体育教育的整体质量与水平,影响学生的成长与发展。在学校体育教育深化改革及创新教育理念不断渗透的背景下,学校体育教学管理的思维理念、方式方法也必须要与时俱进,加强创新,如此才能满足当下的体育教学要求,为学生创造更好的体育学习与成长空间。基于上述分析,作者在查阅大量相关著作文献的基础上,精心撰写了《创新教育理念下的体育课程建设与教学管理研究》一书。通过对创新教育理念下体育课程建设与教学管理的研究,为推动学校体育课程的创新建设及体育课程教学的有效管理提供参考。

　　本书共有八章内容,第一章与第二章主要阐述创新教育理念、体育教学理论以及二者的关系,以了解本书的研究背景。第三章分析体育课程设置与教学现状,提出我国体育课程设置和体育教学的问题,以便进行针对性改革与创新。第四章在创新教育理念下研究体育课程目标、内容、教学方法与模式等要素的建设,旨在创建创新性的体育课程教学体系,完善体育课程教学系统。第五章在创新教育理念下主要分析体育课程教学管理的基本理论、发展现状及创新,从而为体育课程教学管理实践工作的开展提供原则与方向。第六章与第七章在创新教育理念下重点研究体育课程教学活动、教学质量以及教学资源的管理,将创新教育理念融入体育课程教学管理中,以全面提高管理的效率与质量。第八章从实践层面研究体育课程建设与教学,涉及田径运动、球类运动和民族传统体育运动,旨在为体育课程建设与教学提供实践指导。

　　总体而言,本书具有以下几个重要特点。

第一，系统性。本书基于创新教育理念而依次对体育课程建设的发展、体育课程要素建设、体育课程教学管理的理论与方法、体育课程建设与教学实践进行研究，结构合理，内容丰富，层层推进，系统性较强。

第二，理论与实践兼顾。本书在创新教育理念下先对体育课程建设的发展及方法进行了研究，最后又选取田径运动、球类运动及民族传统体育运动作为代表从实践层面探讨了体育课程建设与教学，这些项目是体育课程教学的主要内容，将它们作为研究对象能够为学校体育课程教学的实施提供有效指导。

第三，创新性。创新教育是当今社会的热点，其与现代教育改革创新相适应。本书以创新教育为切入点，以体育课程建设与教学管理为研究主体，并且将它们有机结合起来，立意新颖。

总之，本书以创新教育理念为背景，围绕体育课程建设和体育课程教学管理两个方面展开研究，期望本书能够为提高体育课程的创造性建设成果、培养学生的创新能力及提高体育课程教学的管理质量做出贡献。

本书在撰写过程中参考并借鉴了很多专家、学者的研究成果，在此表示诚挚的感谢。由于作者水平有限，书中难免有不妥与疏漏之处，敬请广大读者批评指正。

作　者
2020 年 5 月

目　录

第一章　创新教育理念阐述

教育的发展离不开创新,没有创新,教育就不可能发展。当前,创新已经成为社会发展、进步的一个主旋律,因此,创新教育理念应运而生。创新教育理念的产生,是时代发展的需求和必然产物。这一先进理念,对于教育的发展会起到积极的推动作用。本章主要对创新教育理念的时代需求、基本原理及其与其他要素的关系,以及具体的实践操作和条件保障进行分析和阐述,由此,能对创新教育理念的产生、基础理论以及具体操作与保障有全面且深入的了解,为其在体育课程建设与教学管理中的应用与作用奠定坚实的基础。

第一节　创新教育理念的时代应然

当前,已经处于知识社会,社会及经济的发展,都是在知识这一动力的推动下实现的。当前经济发展过程中,科技起到的作用越来越突出,在整个推动作用中,所占的比重越来越大,由此可见,科技自主创新能力关系到一个国家的核心竞争力。而所有这些,都离不开创新人才的培养。从根本上来说,21世纪的竞争实际上是人才的竞争,而人才竞争的根本,则在教育上。由此可以归纳,创新教育是时代发展的需要。

一、科技与知识经济对教育改革的促发与催化

当前,经济发展的形式以知识经济为主,这种经济发展形式是一种创新型经济,其中,起到决定性作用的因素主要为激增的知识信息量和不断缩短的知识创新周期性;除此之外,知识经济的发展,还离不开创新这一持续性动力来源。

从另一个角度来讲,知识经济也可以理解为劳动主体智力化的经济。创新是知识经济发展的关键因素,创造的载体则为劳动主体——人,在知

识经济的发展过程中,决定性因素是一个复合因素,即为具备创新能力的人。当今世界正处于不断改革的时代,新世纪的社会变革速度将更快,五彩缤纷的未来社会迫切需要那些勇于创意、勇于创新的人才。具备了这一重要前提条件,社会可持续发展所面临的许多世界难题也迫切需要最具创意的科学思想。要想使创造教育与社会、经济发展相适应,要求其必须将开发创造能力作为主要目标,将培养创造型人才作为重要宗旨。

　　针对创新时代发展的要求,我国提出了建设国家创新体系的总体目标:到 2010 年前后,基本形成适应社会主义市场经济体制和符合科技发展规律的国家创新体系和运作机制,基本具备能够支撑我国科技与经济可持续发展的国家创新能力,使我国国家创新实力达到世界中等发达国家水平。[①] 从这个总体目标中的要点可见,当前正处于青年时代的学生,实际上是"思维创造活动的最好年龄"的拥有者,他们是我国国家创新体系中的主力军。因此,将创新教育引用于学校教育中是非常重要且必要的事情,是近阶段需要关注的重点,并要尽快开展。在不远的将来,"创新教育"在中国国家创新体系建设方面所作出的贡献是不可限量的。

二、我国教育发展对教育创新需求日益迫切

　　社会经济的发展需要在一定的保障条件下才能开展和实现,教育则是为其提供服务的一个重要方面,因此,这就决定了在人才培养方面,必须遵循与社会经济发展需要相符的基本规律。这是教育发展的基本要求。

　　经过多年的发展,我国教育系统已经开始了"应试教育"逐渐转变为"素质教育"的发展历程,而其中起到关键性作用的则是创新教育的开展。"应试教育"已经与现代社会发展需要不相适应了,这是因为这种教育形式会将学生与生俱来的个性和创造潜质扼杀殆尽,对于创新人才的培养不利。鉴于此,就需要对"应试教育"进行改革,而这一改革的推进中,创新教育是实施的关键性因素,这也实现了教育方面的根本性创新,由此,"素质教育"逐渐开展和普及开来。从这个意义上讲,可以认为创新教育有效突破了"应试教育"怪圈的束缚,同时,也开启了"素质教育"实施的总开关,对教育事业的发展起到积极的推动作用,满足了现代社会发展的需求。

---

① 贺善侃.教育创新与创新教育[M].上海:东华大学出版社,2012.

三、教育创新对国家创新体系的可持续发展有重大影响

创新人才的培养,是教育创新的根本宗旨所在。一个国家所拥有的科学储备是否完备,创新能力是否持久,都归因于教育这一关键性因素。创新人才的成长和发展,离不开教育的良好氛围与环境,不管是什么领域的创新,都必须经过一定的教育才能实现。

通过创新教育的实施,做好创新人才的培养工作,这样才能为国家的知识创新、科技创新提供人才上的基础保障。鉴于教育在知识、科技创新中的作用,教育也被纳入国家创新体系的重要部分。据相关论证,国家创新体系有知识创新系统、技术创新系统、知识传播系统和知识应用系统这几种类型划分。其中,国家科研机构和教学科研型大学被归于知识创新系统的核心部分;企业处于技术创新系统的核心地位;高等教育系统和职业培训系统归于知识传播系统的范畴;社会和企业则处于知识应用系统的主体地位。由此,教育创新的重要意义得到进一步提升,并且已经达到了建立国家创新体系的高度。

第二节　创新教育的基本原理及与诸要素的关系

一、创新教育的概念

当前,关于创新教育的概念还没有形成统一的定论。只有几种探讨较为普遍的学说和观点。

（一）"价值取向说"

"价值取向说",即为创新教育"是指在基础教育阶段以培养人的创新精神和创新能力为基本价值取向的教育实践"。这一观点将基础教育作为关注的重点,在此基础上有效实施素质教育,从而使学生的创新意识、创新精神和创新能力等都得到有效培养和提升。这种创新教育的作用也折射到了高等教育上,有着普遍的影响力。

（二）"教育转向说"

"教育转向说",即为创新教育是从"守成性教育""维持性教育"逐

渐转为"创新性教育",从对教育文化传承功能的重视逐渐转向对教育文化革新功能的重视。这一观点涉及教育的各个方面,如此变革便被赋予了全面性、根本性特点,重新定位了教育功能,带有全局性的、结构性的教育革新和对教育发展的价值追求。

（三）"素质教育说"

关于"素质教育说",有人作出了这样的解释:创新教育这一特殊的教育理论和方法,其实施时间为基础教育阶段,其基本价值取向为人的创新精神和创新能力的培养,主要宗旨是发展人的创新潜能、弘扬人的主体精神、促进人的个性和谐发展,主要目标为研究和解决如何培养学生创新意识、创新思维、创新能力以及创新个性。创新教育是素质教育的重要组成部分。

（四）创新教育概念界定

将上述几种关于创新教育的观点综合起来,可以得出,创新教育是素质教育的重要组成部分。可以将其理解为"以人为本"的个性化教育。创新教育,某种意义上是人的个性发展和知识经济时代发展的双重需要。由此,可以将创新教育的概念界定为:创新教育是以人的个性发展为依据,经过一定的教育过程,借助启发诱导的教育方式,将人的创新意识激发和开拓出来,使人的创新精神、创新能力得到有效提升,从而达到有效提升人的整体素质的效果,使创新人才的培养得到有效落实。

二、创新教育的特征

（一）主体性

创新教育的主体性特征,主要体现在创新教育行为上。创新教育行为的主体性是外因通过内因而起作用的。创新教育的主体性强调教育要尊重和发展学生的主体意识和主动精神,自觉发展学生以创新为内核的主体性人格,培养和形成学生的健全个性。

首先,相较于传统教育使学生消极被动地接受知识,创新教育则要求学生在获取知识方面要主动、有所舍弃,还要针对性地提炼和加工来自多方面的信息,对多种可能的和可行的答案或结果加以探索。其次,传统教育对学生的模仿和继承功能较为重视,从而使学生用既有的知识储备和经验来解决问题,与之不同的是,创新教育所注重的是学生在知识运用的创造性和解决问题的能力的培养与提升。

通过分析和概括,创新教育的主体性主要有两个方面:一个是要唤起学生的主体意识,为创新行为做好心理上的准备;另一个是要将学生创新的主体精神发挥出来,为创新意识转化为创新行为提供不竭的驱动力。

(二)全体性

创新教育的全体性,实际上就是指创新教育对象的全体性。其主要取决于知识经济时代教育的基础性地位。知识经济的核心是现代科学技术,知识创新作为一种创新活动,对高素质创新人才是有非常高的依赖性的。学校教育就是培养和造就这种高素质创新人才的摇篮。这种基础性地位的摇篮性质对创新教育必须面向全体学生,不能再像过去那样面向少数学生起到重要的决定性影响。之前"面向少数学生"的应试教育,对学生的创新能力培养所起到的作用是消极的、制约的,甚至是阻碍的,更是忽略了学生的创新意识、创新精神。因此,这就要求创新教育的实施所面对的受众必须是全体学生,使全体学生的创新精神、创新意识和创新能力都得到培养、建立和提升。

(三)共融性

创新教育的共融性,就是指创新教育努力塑造智商和情商的和谐共融,锤炼完美健全的理想化人格。从传统教育的角度来说,学生与学习所用的书本两者之间的关系是不平等的关系,书本对学生起到奴役的作用,学生是为了分数而被迫学习书本的,在这个不和谐的过程中,学生的个性无法展现出来,思维的发育缺乏合理性和健康性,只能处于被动的地位,导致思想依附、灵魂萎缩,唯师是从和唯书是从已经成为普遍性的精神现象。

人格发展的和谐性与特异性的统一,是创新教育追求的目标之一。所谓人格发展的和谐性,就是对德、智、体、美在学生身心发育中的有机渗透非常重视;所谓人格发展的特异性,即是指从事未来创造性工作所必备的独特精神品质。如此可见,创新教育真正使个体生命"成为宇宙的精华,万物的灵长,成为灿烂太阳底下大写的人"。

（四）全面性

创新教育的全面性，主要体现在创新教育的内容上。具体来说，创新教育的内容取决于创新活动的规律和特点。只有创新教育的内容是全面系统的，才能保证思想创新、方法创新、知识创新、技术创新等得以实现。创新教育这一全面性教育的建立，需要坚实的基础，即为素质教育。创新教育必须贯穿于所有的学科教育之中。从整体上来说，创新教育要对学生的创新素质加以培养，创新意识、创新精神、创新动机、创新兴趣、创新人格、创新能力等都属于创新素质的范畴。因此，这就要求从整体上出发，来对创新教育的内容加以科学安排。

（五）宽松性

这里所说的宽松性特征，主要是针对创新教育环境来说的，具体是指创新教育的开展与实施，要具备一个重要的外部条件，即一个有利于学生创新的宽松环境。创新教育环境的宽松性取决于创新人才成长的规律和特点。

创新对环境的要求是非常高的，环境对于创新来说，是不可或缺的必要条件。创新教育的创新环境主要包括社会、学校和家庭，这些宽松的环境有助于学生创新意识、创新精神和创新能力的培养和发展，造成学习上自由讨论、观点上兼容并蓄、开拓上行为解放、探索上大胆尝试的良好氛围，使创新思想大迸发，创新精神大发扬，创新活力大奔放，为创新人才脱颖而出创造良好的创新教育环境。

（六）创新性

创新教育的创新性，主要体现在创新教育的目标上，某种程度上，创新教育的创新性与"应试教育"的应试性之间是有显著差别的。应试教育的目标，是适应升入高一级学校的需要，在培养学生方面的培养目标为"英才""专才""专家"。因此，凡是升学需要的教育内容就认真地教，不需要或用处不大的就可少教甚至不教。应试教育使学生完全围绕考试而学，这样的一个后果就是学习负担过重，与社会发展的需要不相适应。

创新教育的目标，则是对具有创新精神和创新能力的创新型人才的培养，这就需要通过大幅度的改革，来彻底清除掉应试教育扼杀学生创新精神和创新能力的弊端，以创新教育为手段，来有效培养和发展学生的创新精神和创新能力，从而培养出成批的适应知识经济发展的创新型人才。

（七）实践性

创新教育的实践性,也是其与传统教育有所区别的重要体现。由于长期受到传统文化和传统习俗的影响,我国传统教育在受教育者实践能力的培养上往往是忽视、漠视的。这就导致培养出的人才,是所谓的"高分低能""眼高手低""不切实际"的。

创新教育的实践性,一方面,其对受教育者实践能力的培养是非常重视的,其培养目标是使之具有陶行知先生所说的"征服自然、改造社会的本领";另一方面,它对受教育者社会活动能力的培养也非常关注,就是培养出来的学生具有一定的社会实践能力,比如,交往、公关能力以及从事社会活动的能力;还有一方面,其对受教育者处理社会问题的经验、技巧与技能的掌握和习得也是非常重视的,这样会导致所培养出的人才在社会生活的适应方面能力较强,参与社会实践活动的能力较强。由此,也可以将创新教育看作是一种与社会相贴合的适应性教育。

三、实施创新教育的基本原则

（一）德育为先原则

德、智、体、美等都属于人的素质的范畴,其中德是第一位的,这也就体现出了德育的重要性,其是处于灵魂地位的,思想品德素质是最重要的素质。

创新教育的实施,就是为了通过博大的人文精神去熏陶受教育者,使其具有充分的创新能力,并以此来为社会发展作出贡献。创新能力属于中性的,"近朱者赤,近墨者黑",创新能力受到人的情感、道德品质的驾驭和支配。自古以来,对"德"就非常重视,发展至今。一个人的社会公德和职业道德在很大程度上影响甚至决定着其事业的成败。因此,对于教育者来说,其在创新教育中应该担负的职责有二:一是应教会学生如何做人,二是教会学生如何思考。创新教育遵循德育为先的原则,向学生传授知识和能力。

（二）启蒙性原则

启蒙性原则,就是将创新教育的实施时间尽可能地提前,启蒙教育是创新教育的起点。我国的教育在启蒙性原则方面较为欠缺,比如,中小学教育确实注重创新,但是,在启蒙方面是欠缺的,这就导致了创新意识无法得以建立。

从世界范围来说,不管是发达国家还是发展中国家,对包括学前教育阶段的科学启蒙教育在内的基础教育都是非常重视的。这是大势所趋,因此,我们必须在学前教育和小学教育阶段就将学生探索精神、科学态度和方法的培养作为关注的重点,吸引学生进一步关注自然和科技现象、科学成就,为他们进一步学习和运用科学技术打下坚实基础。

(三)问题性原则

问题性原则指的是教育者在实施创新教育过程中,以问题为线索,来进行进一步的探究、发现、创新,引导学生不断探索新智。为此,教育者在实施创新教育教学过程中,要对以下几个方面加以把握。

首先,设计问题时要注意新颖性与层次性。所设计的问题必须是有思考价值和可探索的余地的,且以开放性答案为主,以此来将学生思维激发出来,或鼓励、诱导学生的求异思维。

其次,教育者要让学生通过自己的探索去发现结论和方法,不要直接提供答案。要注意对学生思维过程和解决问题策略的重视程度要高于最终的结果。

最后,教育者要通过各种方式,来积极启发学生提出问题,课堂上一定要创设问题的环境。要充分允许和接受学生提出的任何问题,不打击、不忽视,使学生逐步做到想问、敢问和善问。

(四)主体性原则

主体性原则,所指的是学生在创新教育教学过程中的主体地位,不仅是学习的主体,也是发展的主体。学生的学习和发展,只有通过他们自己的学习实践才能实现。

以主体性原则为依据,一方面,要尽可能地为学生提供独立活动的机会、时间和空间;另一方面,主体性学习应有"质"的规定性,从实质上来说,主体性学习要求学生在学习方面有显著的积极性、主动性、独立性和创造性。

(五)发展性原则

发展性原则,即指创新教育是发展性教育,发展性教育的实施是依据学生身心发展规律来实现的。从现代心理学的角度上来说,学生的成长过程,实际上就是其生理、心理、知识、能力、经验各方面的发展过程。可以将这种发展分为两个方面,知识水平的发展和人格的发展。

作为发展性教育,创新教育要以学生身心发展规律为依据,实现学生认知和个性发展的和谐统一。教育要把学生的成长发展看成是一个生命整体的成长过程,这个整体具有内在的和谐性。它表现为能力的多样统一性、身心生长发育的有序性。因此,在实施创新教育中,要将学生智商的发展,与情商发展同样重视起来;将学生人格的健全与认知水平的提高也同样加以重视,不可忽视其中之一。

(六)民主性原则

民主性原则,指在实施创新教育过程中,要发扬民主精神,营造出有利于学生创新的民主氛围。教师要善于将学生的主动性和积极性充分激发出来,努力创造一种民主的气氛、探索的情境、创新的氛围。还要将师生之间、学生之间民主、合作的和谐关系体现出来。要让学生主动将自己的想法充分表达出来,使学生能够不断去发散自己的思维,不断去发现问题、解决问题。除此之外,还要提倡学生与学生、教师与学生之间的多向交流、不同观点的碰撞,在创新教育中将其民主性原则充分体现出来。

(七)创新性原则

创新教育的创新性原则,就是指教师在教育教学过程中,要锐意开拓,在处理问题时,所采用的教育教学方式要有新意,这对于学生创新思维、创新精神和创新能力的培养是有帮助的。

在创新教育过程中遵循创新性原则,首先,要选择的问题需要是开放性的,以此来尽可能激发出学生的思维;其次,要对学生思维的流畅性、变通性和精确性进行引导,使其具有一定的灵活性和变通性;最后,要采取积极鼓励的方式,激励学生大胆运用假设,增大创新的可能性。

(八)开放性原则

创新教育的开放性,就是指创新教育在教学实践中的教学空间必须是开放性的。

创新教育的实施遵循开放性原则,首先,学生在课堂学习过程中要保持开放自由的心态,切忌压抑;其次,教学内容不会因为教材和教师的知识视野而受到限制;再次,教师在对学生进行开放性思维训练方面要高度重视,不应轻率地否定学生的探索;最后,教育方法也应该是开放性的,不受到任何条条框框的限制。

(九)激励性原则

创新教育的激励性,就是指教师在创新教育教学中,通过积极的鼓励,来引导学生进行积极探索,将学生增强创新的动机、热情和信心有效地激发出来。教师要培育学生对自己创新能力的自信和获得创新成就的勇气,鼓励学生积极探索和选择创新途径,寻找新方法。要坚持表扬激励的原则,善于使用夸奖的言辞、友善的微笑和热情的鼓励去激发学生不断创新的欲望和需要,使学生的心理经常性地处于一种追求创新的状态。

(十)尊重个性原则

创新教育的尊重个性原则,就是指教师在实施创新教育教学过程中,要将尊重学生个性的良好教育环境营造出来,从而更好地服务于学生的个性发展。教师对于每个学生的兴趣和爱好、特长和人格都要持尊重的态度,以一种平等、博爱、宽容、友善的心态,对待每一个学生,使学生的身心得到自由地舒展,个性得到充分发展。某种意义上来说,尊重学生个性的教育环境,对于挖掘学生创新潜能是非常有帮助的。

四、创新教育与教育创新的关系

知识经济要求教育创新,而教育创新的实现需要借助创新教育这一重要方式和途径,因为创新教育是时代创新的支点。由此可以得知,创新时代必然呼唤创新教育,而创新教育在实现教育创新上意义重大,两者之间关系密切,相互依存,相互促进。关于创新教育与教育创新的关系,可以从以下几个方面着手来加以剖析。

(一)教育创新的实现离不开创新教育这一核心

创新教育本身是一种特殊的教育形式,其与知识经济时代人才素质培养是相适应的,它的实施能够有效推动应试教育向素质教育的转化,同时也能使教育创新更加具体。

创新教育是按照教育创新的教育教学规律和教育教学的方法和技巧,培养和造就具有创新型思维、创新个性、创新意识、创新精神和创新能力的人才。创新教育以学生为主体,在面向全体学生的同时,尊重和充分发挥学生的个性特长,最大限度地激活学生的内在动力和智力潜能,支持独立创新,再针对学生的个性"因材施教",使每个学生的心智都得到发展,使尖子人才脱颖而出。创新教育对知识学习和教育教学的实践环节都是非常重视的,以此来使学生在社会实践中培养和提升能力。

（二）教育创新实现的关键在于创新教育

教育创新要求教学观念要有所改变,还要将新的思想观念和理论建立起来,而这些都是以创新教育为载体而产生和传播的。知识经济需要创新型人才,创新型人才的培养通常都是通过创新教育的实施而实现的,而创新教育的实施要求原来的教学观念必须要有所转变,并按照知识经济的要求,建立新的思想观念,同时要依照创新教育理论实施创新性教学。鉴于此,要做到三点要求:要建立以发展创新能力为目标的教学观念;要建立以学生为主体,发挥学生学习主体性的教学机制观;要建立使学生自主学习的教学方法观。

（三）教育创新实现的基础是创新教育

教育创新要求其教学内容体现与时代发展相适应的先进科技知识,而先进科技知识又是由创新教育来创新和普及的。

创新教育是对知识进行整合和突破的教育,即便有一定的知识储备,也并不意味着其创新能力就强。创新能力所包含的内容较为丰富,知识只是其中的一个基础性因素,除此之外,还需要有一定的思想观念和思维、学习的技能,比如主要的创新意识、批判精神、想象力、联想迁移能力、抽象概括思维能力等。

创新教育在进行知识教育中,知识的内容以及知识获得的过程固然重要,但是,如何运用知识才是最重要的。从学生的角度上来说,其是需要学习知识、掌握知识并且吸收知识的,但是,这些都是为了培养和提升内在的基本素质和实践能力。创新教育正是采用以上所讲的教学方式,来创新和普及科技知识,同时发展学生的创新能力。这些也正是教育创新的具体内容。因此,创新教育是实现教育创新的基础。

五、知识经济与创新教育的关系

知识经济对人才素质的要求是多方面的,但是,最基本的要求是要具备良好的创新意识、创新精神和创新能力。需要强调的是,创新意识、创新精神和创新能力,是在教育这一雄厚基础上形成并发展起来的。无论是知识创新还是技术创新，都离不开教育对它的支撑。

在知识经济时代，文化知识、科技以及经济发展速度飞快，人们首先要与社会的生活规律相适应，在此基础上，要对原有生活条件加以改造，并加以创新，使自我得到进一步完善。要做到这一点，创新意识、创新精神、创新行为就需要加以强化。人们也只有接受创新的教育，引进创新的学习，才能在知识经济社会中迅速地接受新知识，才能创造世界、创造生活。因此，就要将教育创新作为首要目标，大力实施创新教育，突出学生的创新意识、创新精神、创新能力培养，真正培养出与时代潮流相适应的具有创新意识、创新精神、创新能力的高素质人才。

（一）发展迅猛的科学技术对人才知识基础的要求

当前，科学技术发展速度迅猛，发展规模之大，影响之深，是前所未有的。在改革开放实施的新的历史时期，知识和信息成为当下时代最重要的战略性资源，其所产生的影响力涉及国民经济、科技进步、文化教育、社会发展以及军事实力等各方面。这就要求将知识的更新和学习作为关注的重点，掌握扎实的知识基础，及时追踪科技与社会发展的前沿，不断地更新和拓展自己的知识信息，这样才能使创新意识、创新精神和创新能力得到有效提升，也才能与未来社会日新月异的发展变化相适应，成为知识经济时代的有用之才。

（二）信息高速公路对人才创新意识的要求

当前的知识、信息，大都存储于网络中，这种储存方式能够达到快速、整体提取并加以运用的目的。知识本身具有无限性、易老化性等显著特点，通过电脑的应用，能够在时间和精力上有很大的节省，这就为创造创新工作的开展提供了时间和精力上的保障。

第一，选择信息。如果信息数量较多，就必须对信息进行分解，然后将其中有用的信息挑选出来，存入电脑。

第二，综合分析、筛选、归类信息。

第三，加工信息，主要涉及合成、重组、改变信息，其中还要将想象的成分等加入其中。

第四，信息加工后，形成新的信息或知识产品，这一连串的工作对劳动者的能力有很高的要求，首先是普遍意义上的系统的研究、判断、逻辑推理能力，还有高度的创新意识、创新精神和创新能力等，这是创新工作不可或缺的。

（三）知识产品生命周期缩短对人才创新创造能力的要求

知识产品是科学技术发展的产物，其只有能够满足社会需求，才能在竞争上有优势，才能成为国家综合国力的一个重要方面和体现。

在知识经济时代，商品价值不再是劳动者体力的简单转化，而更多的是劳动者智力的转化，商品价值中智力所占的比重逐渐增大，而体力劳动所占的比重则逐渐减少。知识商品的价值具有易逝性特点，这一点是非常重要的，其是在新的科学技术的推动下产生的，同样的，在该领域更新的技术产生之后，就会出现新的知识产品，那么值钱的知识产品就变得一文不值了，知识产品的生命周期变得越来越短。由此，便要求劳动者必须具有高度的创新能力和创造能力，能够源源不断地研究开发新一代的高新技术和高新技术产品。

（四）日益加剧的国际竞争对人才竞争意识的要求

当今世界各国都是向往和平与发展的，但是，在这个大环境中，也是不乏竞争的。尤其是世界市场经济的发展，将各个国家都置于一个激烈竞争的环境，我国也不例外。市场经济的发展是在不断竞争的过程中实现的。

要想在竞争中立于不败之地，创新是唯一的出路。创新可以体现在任何方面，比如，科学技术的创新、产品的创新、意识方面的创新、理念方面的创新等。由此，能始终保持良好的主动性和积极性。只要勇于创新，做到比别人技高一筹，出类拔萃，就能在激烈的市场竞争中取胜。

（五）现代科技的发展对人才团队意识和精神的要求

最初的科学技术的发明创造与创新，往往是某个人的成就，但是发展至今，创造与创新的成果往往是一个团队共同努力的结果，这个团队可以小到几个人，也可以达到成千上万人。可以说，今后的科技研究也必将是团队协作完成的，这就需要非常好的团队合作和团队精神。因此，在大经济和大科学发展的时代，人们之间的交往、社会之间的联系更加紧密，协作、交流及联合成为取得事业成功的必要条件。

（六）知识经济时代对人才综合素质的要求

知识经济，本身是一种注重"知识""信息""智能"等资本的经济形势。人在整个生产过程的各个要素中处于重要的决定性地位。产业更新将对劳动力提出更高的素质要求,就业结构也将发生重大变化。因此,这就决定了产业结构升级所需要的劳动者必须是高素质的。

我国在人才结构方面,还存在着一定的不足,结构性剩余显著,供需结构不平衡也逐渐加剧,这就要求我国教育必须适应新的环境变化,在教育形式方面,素质教育、创新教育要逐渐取代"应急教育""应试教育",人才也逐渐向综合型人才转变。这种综合性体现在专业知识、专业能力,适应环境能力,经营、管理等方面的知识与能力,开阔的思路、敏锐的洞察力,持续不断的创造能力的培养等。

综上所述,创新教育的实施已经迫在眉睫,这对于国家、民族和个人都有着非常重要的意义。知识经济时代,建设创新型国家对创新型人才和具有创新能力的劳动者的需求也是非常大的。教育模式也应该是一种创新性教育。知识经济呼唤创新教育,知识经济的发展必然促使我国教育模式向创新教育模式转变。鉴于此,必须从教育体系、教育结构、教育内容及教育方法等方面进行全方位的变革,对教育进行创新,建立起创新教育模式,切实提高教育者的创新意识、创新精神和创新能力,培养大批适合知识经济需要的创新型人才。

第三节　创新教育的实践操作与条件保障

一、创新教育的实践操作

(一)培养创新意识

创新教育中,对创新意识的培养,需要从多个方面入手,主要有以下几个方面。

1. 发现问题能力的培养

现实世界时时、处处都存在需要我们去解决的问题,只有具备发现问题能力的人,才能以创造性思维去解决问题。要培养发现问题的能力,需要做到以下几方面:第一,要独立思考;第二,要善于观察;第三,要有科学的批判精神;第四,要信任好奇心;第五,要善于积累经验和信息;第六,要善于找到适合自己的"发现问题"。

2. 创新动机的有效激发

创新动机的产生,离不开远大目标这一重要源泉。因为只有目标远大,才会乐于创新,居陋室而不懈,处逆境而不馁,遇挫折而不丧志。一个不想思考的人是不会主动去考虑创新的,只有乐于思考的人才会乐于创新。因此可以说,乐于思考是诱发创新动机的因素。要想将创新动机激发出来,只靠思考是不够的,还需要进行切磋讨论,这是非常重要的手段,不可或缺。切磋讨论不仅是启发别人,同时更重要的是使自己从中得到动机的激发,使思路受到启发,从而更加自觉、主动地投入创新之中。

3. 培养创新兴趣

兴趣不是天生的,其是需要培养的,而培养的环境就是人的社会实践过程。一般的,要想保证兴趣培养的效果和与实际需要相适应,要保证兴趣培养要与人的认识过程、社会发展需要相适应。这是最基本的前提条件。兴趣需要有一定的理解力和鉴赏力,而这种能力是建立在一定的知识水平之上的。没有一定的知识水平,再奇特的客观现象出现在你面前,最多只会引起短期的注目、惊奇,绝不会产生真正的兴趣。除此之外,兴趣的培养还需要通过好奇心的激发来进行,好奇心是理智感方面的一个重要的心理品质,其能增强观察的敏感性,丰富想象力,活跃思维活动。可以说,好奇是形成兴趣的直接导因。

4. 树立创新理想

创新理想是指主体对创新实践活动未来奋斗目标的持久向往和追求。创新理想是创新意识的理性层次,因而能够将主体全部的情感、意志力量和理性智慧充分调动起来,为主体进行创新实践提供强大而持久的动力。创新理想的树立,需要从以下几个方面着手。

首先,要将民族责任感树立起来,民族责任感是激发创新理想的强大动力。从学生的角度来说,要将爱国主义教育、民族精神和民族责任感教育作为重点,使他们确立崇高的创新理想,从而为创新创造做出贡献。

其次,要对科学真理进行积极探索,只有树立为探索科学真理而甘愿献身的精神,才能激发勇气和热情。

再次,要学会并善于自我欣赏,善于自我欣赏是在创新创造活动中强化创新理想的重要手段。

最后,在创新信念上要坚定,信念是有关社会和人的基本信条、基本志向或奋斗目标,是进入创新境界的重要前提。

（二）培养创新心理品质

创新人才不仅在智商方面有较高要求,还要求有高尚的创新情感、创新意志和创新性格,这些都是良好创新心理品质和创新人格的主要内涵。创新人才创新心理品质的培养可以从以下几个方面着手。

1. 培养创新情感

创新型人才不可缺少的一个重要的心理素质就是创新情感。积极、乐观、健康的情感和心理状态对于创新意识的激发、创新思维的发展和创新心理品质的完善都是非常有利的。要培养创新情感,有以下几点建议。

首先,要培养高尚的道德情操。高尚的道德情操是创新型人才必须具备的素质之一,也是创新心理品质的重要组成部分。培养高尚的道德情操的途径有三:一是帮助学生树立远大的理想,形成正确的世界观、人生观和价值观;二是通过榜样的力量,培养青少年学生的高尚道德情操;三是对学生的道德观念教育要耐心细致,晓之以理,动之以情。

其次,培养发现美、欣赏美、创造美的情感体验。自然的美景、精美的艺术创造、美好的社会现象都会给人带来美的享受。要做到这一点,需要先让学生享受自然美,然后鉴赏艺术美,再体悟科学的美,最后是体味社会的美。

最后,要培养幽默感。幽默感是指一种理解和表达幽默的能力。健康积极的幽默感能够有效推动创新思维的发展。同时,幽默感也是一种情绪的减压阀,有助于适度地缓解冲动和不安的情绪。因此,富有幽默感的人不仅有丰富的想象力,还有非常强的创造力。

2. 创新意志磨炼

意志磨炼是指人的坚韧性、顽强性、克服困难的品质锤炼。"宝剑锋从磨砺出,梅花香自苦寒来",坚强的意志为目标实现提供了强大的推动力。坚强的意志是克服困难的条件,是事业成功的保证。所以,要想达到自我实现的目的,就必须不断磨砺坚强的意志。具体来说,磨炼创新意志需要做到以下几点要求。

第一,要将勇敢果断的决心确定下来。创新是智者与勇士的结合。创新型人才果敢品质的磨炼需要从彻底摆脱胆怯、拘谨和懦弱的心理开始。其中,关键因素在于自信心的树立和正确的自我评价。

第二,要将坚贞不渝的信心树立起来。自信心是创新事业成功的保证,是创新思维不竭的源泉。这就需要通过对独立自主精神的培养和切合自己能力的奋斗目标的确定,来培养出自信心,由此,来保证精神和心理上的自我始终屹立不倒。

第三,要将坚韧不拔的毅力确定下来。坚韧性,是指人的顽强毅力,不达目的誓不罢休的精神状态。创新活动有成功有失败,成功的创新活动都是经过"千磨万击还坚劲,任尔东西南北风"的顽强毅力才能实现的,与此同时,更多的失败的创新活动能够通过对毅力的激发,来进一步实现创新活动。

3. 创新性格的养成

性格是人的个性心理特征的一个组成部分,是处于重要的核心地位的。个体之间的性格是存在差异性的,某种程度上,可以将性格看作是一个人比较稳定的心理特征。人生塑造性格,性格描绘人生,创新的人生就是一个不断完善自身性格的过程。而良好的性格特征也为创新活动提供了必不可少的心理保障。要想培养创新性格,可以从以下几个方面着手。

第一,培养勤奋惜时的心理品质。勤奋,指不畏艰难困苦,分秒必争,辛勤学习、工作和劳动。任何人的成功,都是要经过勤奋这一特质而实现的。"业精于勤而荒于嬉",就将勤奋的重要作用充分展现了出来。勤奋刻苦是创新成功之本,而珍惜时间、合理利用时间则是成为创新人才的前提条件。

第二,培养独立自主的心理品质。独立自主的心理品质能够在生活、认知、情感等多个方面有所体现。创新者的批判和质疑精神就是在此基础上培养出来的。

第三,培养善于推陈出新的心理品质。通常,创新产品必须具有新颖性和独特性两个特色。在创新心理品质中,主要表现为不因循守旧,不盲从权威,不迷信书本教育,以无畏的批判精神和质疑精神冲击传统观念和思维定势的束缚,勇于变革,独创新途,标新立异,敢为天下先。

第四,培养勇于质疑的心理品质。怀疑是创新人才极有价值的一种心理品质。疑问是发现问题、探求知识的起点。积极培养学生勤于思考、敢于质疑的心理品质,应当作为教育教学过程的重要组成部分。要对怀疑精神加以培养,首先要求教育者要具备怀疑的品质,切忌压制有争鸣现象的学生。其次,要对学生的大胆质疑持包容态度,让学生能够畅所欲言,表达出自己的想法。最后,要鼓励和倡导学生将已学的知识和想法应用于实践中,以此来检验其可行性。

第五,要培养学生的合作交往能力。首先,要使师生与家长和孩子养成合作意识;其次要有意识、有目的地使学生的"交往圈"得到改善;还有,采取的合作形式应该是多种多样的;将有效的合作作为关注的重点。

（三）培养创新能力

创新能力所包含的内容非常广泛，比如，主要有合作组织能力、沟通公关能力、实践操作能力、管理时间能力等，这些内容的培养都会对创新能力的培养产生重要影响。

1. 培养合作组织能力

创新活动（或项目）的完成，仅仅依靠个人的力量是很难实现的，大都要靠集体的力量，而且较大的创新活动（或项目）所涉及的专业、部门人员要更多，耗用的时间和精力也更大，这就需要创新活动（或项目）的组织者要有较强的组织管理能力，每一位创新参与者都要有一定的协调配合能力。

一般来说，如果创新者具有非常强的合作组织能力，那么往往能够在时间和开支上有较大幅度的节省，并且任务的完成质量和速度也会比较理想。科学史家乔治·萨顿曾说："仔细考虑一下某一发现的产生，人们就会发现，它是逐渐积累的若干小发现，然后进行深入的研究，会找到更多的中间形态的过程。任何新颖性成果必定是一种集体聚合体。"因此，合作组织能力的培养是创新能力培养的重要组成部分。

2. 培养沟通公关能力

沟通是信息由沟通者向接受者传递的过程，在这个过程中，总会有这样那样的障碍，阻碍着信息的顺畅传达，这就要求，要在沟通技巧上下功夫，培养和提升其沟通公关能力。具体来说，主要包括：提高沟通技能；明确沟通目的；慎用语言文字；注意面谈细节；充分利用反馈信息；克服不良习惯。

3. 培养实践操作能力

通常情况下，可以将实践操作能力分为语言写作能力、设计能力、绘图能力、工艺制作能力、实验能力、数学建模能力等。凡是在发明创造上有建树的人，大都具有不同凡响的实践操作能力。数学家克雷洛夫曾深刻地指出："在任何实际事业中，思想只占百分之二到五，其余百分之九十五到九十八是实干。"同样是提出创新想法的人，因缺乏实践操作能力而没有付诸实践的人与具有良好的实践操作能力并付诸实践的最终结果是完全不同的，这也就体现出了实践操作能力的重要性。因此培养和提升实践操作能力非常重要且必要。具体的培养途径为：增强实践操作的自觉意识；掌握实践操作的基本知识；保持实践操作的进取心态；形成实践操作的良好习惯。

4. 管理时间能力培养

创造发明者的共同特点之一,就是珍惜时间。有志于创新的人们应当努力培养管理时间的能力,惜时如金,在有限的生命里将创新创造效率最大程度地发挥出来。

(四)构建创新知识结构

知识结构是指个体掌握知识的质量,也可以将其理解为个体掌握知识构成的体系。知识的数量与创新之间并不是完全成正比的关系,个体知识的质量,即创新者的知识结构,对创新活动起到决定性影响。

在人们的创新实践中,人们的知识结构与创新之间的关系是非常密切的。系统的知识,能够使普遍的、整体的、根本的问题得到妥善解决。因此,在创新教育教学中,不仅要让学生对本学科专业知识有充分的掌握,还要涉及哲学、语言学和数学等其他学科的知识,以形成科学的知识结构,这对于学生创新能力的培养和创新潜能的开发是非常有利的。为了更好地理解有助于创新能力培养的知识结构,这里对四种知识结构模式加以分析和阐述,即胶团型知识结构模式、知识层次模式、鼎型知识结构模式、"王"牌知识结构模式。

1. 胶团型知识结构模式

胶团型知识结构模式理论,是由从事胶体化学研究的宋彬提出的。具体来说,其分为三个层次,最里面的是胶核知识,是指专业及其方向;次层是吸附层知识,主要是指与核心知识密切相关的知识;最外层是扩散层,就是其他方面的知识。需要强调的是,这三个层次不是静态的,是会随着科技发展、个人兴趣转移、环境的变化等而有所变化的,胶核知识也是会变的,胶核会在一个一定的范围里游动,吸附层知识与胶核知识,会有部分的相互转化,同样的,扩散层知识和吸附层知识也会有部分的转化。由此可以得知,每个创新创造者都应清醒地分清自己所掌握的三个层次的知识,以便合理地建立和改变、发展自己的知识结构。

2. 知识层次模式

创造学家庄寿强提出了创新的知识层次模式理论。他认为,个体在知识获取过程中,记忆和理解不同知识的程度是不同的,因而不同的知识在个体头脑中形成的层次也会不同(图1–1)。

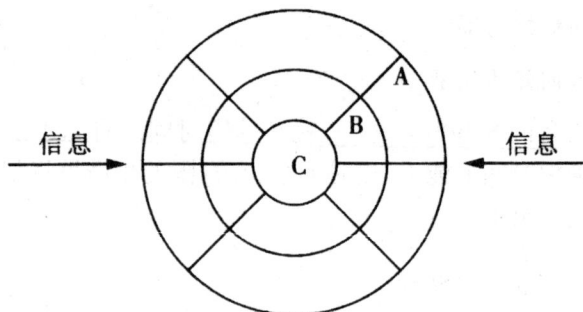

图1-1

通过对上图的分析可以得知,创新性人才的知识层次结构应是:适当拓宽A级知识的知识面,同时适当地增加C级知识的宽度,而B级知识最好能少一些。

3.鼎型知识结构模式

张仪如、李广凤提出了鼎型知识结构模式理论。他们的观点为,当代科学技术创新者的知识结构应是一种鼎型结构。鼎型知识结构主要有四个部分,即哲学、语言学、数学、计算机科学。这四个方面相互之间是有着密切联系的,且各自的功能都是不可替代的,缺一不可。

4.“王”牌知识结构模式

“王”牌知识结构模式即为一个“王”字,共分为四个部分的知识。其中,处于基石地位的是个体的基础知识(第一部分,即最下面一横),主要包括哲学、语言学、数学、计算机科学等方面的知识。然后是个体的专业知识(第二部分,即中间一横)。再是个体应具备的综合知识(第三部分,即最上面一横),其也被称为集合性知识。最后,是个体应具有的方法论知识(第四部分,即中间一竖),其内核部分是指创新学方面的知识,这是必需的知识。在“王”牌知识结构中,四个部分的知识都有自己的特点,且又密切相关。在创新知识结构中,“王”牌知识结构模式对学生创新能力培养,具有重要的实践指导意义。

二、创新教育的条件保障

(一)构建创新教育教学管理模式

创新精神和创新能力的培养,需要对学生的个性给予尊重,需要给学生自主学习的权利,同时也需要给教师施展创新教育的空间。这一切必然要求对已有整齐划一的教育模式和僵化的教学管理体制进行改革,构建起适合创新教育的新的教学管理模式。

1. 构建适合创新教育的教学管理制度

教学管理制度涉及的内容很多,但核心内容是制定适应时代要求和本校实际的教学管理制度。创新教育的实施,要求学校为学生个性发展和自主学习提供更多的发展空间,从客观上要求学校实行更加灵活的教学管理制度。

(1)构建学生有选择权的教学管理制度。构建创新教育管理制度的关键是给学生以更多的选择权,只有给学生更多的自主选择的机会,才能在较大程度上满足学生个性化发展需要。

(2)构建教师教学创新的管理制度。学校的教学管理工作必须充分听取和善于集中教师的意见,特别是关于专业设置、教学计划的制定、课程设置、学科建设规划等重大问题,更要注意尊重和听取教师的意见。

(3)构建学生参与教学管理的制度。让学生参与管理是构建创新教育教学管理模式不可忽视的一个方面。实行创新教育,要吸收学生参与教学管理和制度建设,要让学生参与教学管理制度的制定,尊重学生的主体性,把主动权交给学生,引导学生强化自我管理。

2. 理顺创新教育教学管理机制

创新教育教学管理具有极强的综合性与协调性,必须从整体上才能反映出管理的效果,如果其中一个环节出现问题,那么整体的运转就会受到影响。由此可见,管理的效率取决于管理机制顺畅与否。具体来说,创新教育教学管理机制主要包括两个方面的内容:一个是明确教务部门的职责和权限,一个是明确院(系)、教研室(组)在教学管理中的作用。

3. 促进教学与科研的结合

创新型的教学,从某种程度上,是教学与科研相辅相成、相融相长的产物。如果一个教师能够将教学和科研同等重视起来,那么,其对社会对本学科培养人才的要求方面总会有比较深刻的理解,对本学科有非常全面且深入的认识,能够有效促进与学生的直接和间接交流。教学是师生双边的互动活动,教师的教和学生的学之间"教学相长",能够有效促进教师科研工作的开展。

4. 加快推进教学管理手段的现代化

推进教学管理现代化,对于创新教育教学管理模式的构建意义重大。第一,这是学校适应社会进步和科学技术发展的必然选择;第二,能够使工作效率和工作质量得到显著提升；第三，推行学分制管理的学校特别是高校，迫切需要建立起现代化的教学信息服务体系，由此，能够使学生能够很方便地查询到每门课程的教学内容、教学方法、学习进度、考试方法、授课教师和教育资源的占用情况等。

（二）构建创新教育保障机制

1. 创新教育运行机制构建

（1）构建适合创新教育的学生管理机制

创新教育学生管理机制构建重点在于转变单纯的管理职能，强化服务职能。即通过每一项管理工作，为学生创新教育成长成才提供服务，在一定制度保障下，减少不必要的约束，扩大学生自由选择的空间，充分发挥学生的自我管理、自我教育、自我服务的自主管理作用。

（2）构建创新教育考试运行机制

创新教育的考试运行机制要力戒传统教育中死记硬背的弊端，考试重点应放在对学科的概念、原理、定理的理解方面，考查学生能否善于运用已学知识解决未知问题的创新能力。

2. 创新教育评价指标体系构建

这里主要对学校创新教育评价指标体系加以分析和阐述，具体要以学校创新教育的基本要求为依据来进行。创新教育评价指标体系（表1-1）。

表1-1　创新教育评价指标

一级指标	二级指标	评价观察点	评价等级			
			A	B	C	D
1. 领导管理	1.1 计划制定	1.学校创新教育计划 2.落实创新教育计划措施				
	1.2 组织实施	1.学校创新教育领导和组织机构 2.学校中层创新教育领导与组织机构 3.学校各级创新教育组织及实施情况				
	1.3 制度建设	1.学校创新教育管理制度 2.学校对中层创新教育督导、评估、考核制度				

一级指标	二级指标	评价观察点	评价等级			
			A	B	C	D
2.条件建设	2.1 师资队伍建设	1. 创新教育师资队伍建设规划 2. 本校齐抓共管创新教育情况 3. 创新教育师资水平				
	2.2 经费使用情况	1. 学校创新教育专项经费 2. 学校创新教育基本建设(包括生均校园面积、图书、仪器设备等) 3. 创新教育专项经费使用效益				
	2.3 基地建设	1. 校内创新教育实践基地建设 2. 校外创新教育实践基地建设				
3.教育绩效	3.1 创新教育普及与提高	1. 学生学科创造力基本情况(合格率和优秀率) 2. 学生参与创新活动的参与率 3. 学生学科能力竞赛、科技创新竞赛活动中的获奖情况				
	3.2 创新教育特色	1. 具有先进性、新颖性、鲜明特色的创新教育研究与实践项目 2. 具有推广和实用价值				

（三）构建良好的创新教育环境

1. 构建创新教育实施的社会环境

（1）创新教育实施的社会舆论、文化氛围的构建

第一，要建立正确的舆论导向。社会舆论是一种强大的社会心理力量，社会对创新创造活动的正确舆论是进行创新创造活动的一个重要的社会心理激励。

第二，要营造出良好的社会文化氛围。创新教育的产生对良好的社会文化氛围有较强的依赖性。

（2）创新教育实施的社会管理机制构建

实施创新教育，必须构建实施创新教育的管理机制。而构建适应创新教育的管理机制，有两个方面的事项要加以注意：一个是自由的思维空间，一个是灵活的教育制度。

2. 创新教育学校环境构建

学校环境，是指对个体创造力的发展产生影响的各种学校因素。教

育管理、校长和教师队伍建设、校园文化、教学评估体系、班级气氛等都属于学校环境的范畴。

构建实施创新教育的学校环境,途径主要有这样几个:第一,构建有利于激励创新的学校评价机制;第二,构建有利于学术自由的学校氛围;第三,构建适合创新教育的学校校长队伍;第四,构建适合创新教育的高素质教师队伍;第五,构建适合创新教育和谐的校园环境。

3. 创新教育家庭环境构建

家庭对人的影响是最早、时期最长、影响最深的。家庭教育在很大程度上影响着人的创新力的培养。适宜的家庭环境是培养子女创新力的基础和重要条件。

构建实施创新教育的家庭环境,需要从以下几个方面着手:第一,转变家长的教育观念,家长具有创新性的观念,那么就会对孩子的观念也产生相应的熏陶和影响;第二,要营造和睦宽容、活泼自由的家庭氛围;第三,要采用积极的鼓励方式,来使孩子能对自然界的奥秘进行积极主动的探索,培养起探索精神和能力;第四,还要鼓励和培养孩子动手和动脑的能力,有利于创造性思维的发展;第五,针对孩子所犯的错误,要采取正确的方式来加以对待,从而有效保护其独立能力的发展,形成敢于探索和冒险的性格。

第二章　创新教育理念与体育教学

学校教育质量会在一定程度上影响着整个社会的发展,因此世界上各个国家都非常重视学校教育。作为学校教育的重要组成部分,学校体育教学也理应受到重视。然而实际情况却是,受旧有的传统思想的影响,一些学校的体育教学的地位仍然落后于其他文化课,学校体育教育的发展非常缓慢,这一点需要引起高度重视。为促进学校体育教学的发展,首先就要革新传统的思想观念,树立创新的符合当前学校教育发展的教育理念。本章在阐述学校体育教学发展以及内涵的基础上,重点探讨创新教育理念与体育教学之间的关系。

第一节　体育教学的产生与发展历史

一、体育教学的产生与发展

（一）我国古代学校体育教学的产生与发展

东周时期,我国的社会制度开始发生转变,由奴隶制向封建制转变,这一社会制度的转变对社会各个方面都产生了深刻的影响。受此影响,学校教育体制也发生了相应的转变,以前的"学在官府"已不再适应时代发展的要求,而是开始向"学在四夷"转变。在这一时期,私人讲学逐渐流行起来,社会上的办学之风也比较兴盛,这在一定程度上表明了社会的发展与进步。

春秋时期,儒家思想逐渐占据统治地位。我国古代大教育家孔子主张教育应"文武兼备",这是这一时期最为核心的学校教育理念。

发展到秦汉初期,进入到封建社会时期。在这一时期,儒家思想也仍旧占据着统治地位,被统治阶级所利用。大体来看,这一时期的学校教育主要以"六经"(《诗》《书》《礼》《乐》《易》《春秋》)为主,重文轻武,体育教育的地位不如以前,在这一时期的发展进入低谷。

进入魏晋南北朝时期,社会上仍旧存在着严重的重文轻武现象,学校教育中也是如此,体育教育在这一时期仍未有大的起色,体育教育的生存环境变得十分恶劣。

发展到唐宋时期,当时的统治者注重武备,创设武举制,文举和武举分开进行。这一时期,文武教育分化,武学受到一定程度的重视,这为学校体育的发展创造了良好的基础。

在宋朝,儒家思想逐渐没落,不受当时统治阶级的重视,理学在这一时期占据了社会的统治地位。这一时期的统治阶级比较注重"文治",学校体育教育受到忽视。但这一时期的统治阶级出于国防的需要,也开始大力兴办武学,这在客观上推动了学校体育教育的发展。

在明朝,这一时期的"六艺"教育慢慢得到了一定恢复,除此之外,统治阶级为国防的需要,加大了当时武场的建设力度,支持"儒生习武"。由此可见,在这一时期,不论是主观因素还是客观因素的影响,统治阶级开始认识到体育教育的重要性,这为学校体育教育的发展奠定了良好的基础。

在清朝初期,"文武并重、文武合一"的思想占据社会的主流,学校体育教育受到统治阶级的重视,获得了不错的发展。但在清朝末期,当时的统治阶级无暇顾及学校教育,学校体育教育的发展再一次步入举步维艰的境地。

综上所述,我国古代学校体育教育的发展欠缺一定的规律性和科学性,其发展主要受当时统治阶级思想的影响,并且这一阶段学校体育教育的发展大多是出于国防和军事训练的需要,其发展并没有很强的针对性,因此并未取得特别大的成就。

(二)近代西方体育思想的初传与争辩

在清朝末年,我国出现了近代学校体育教育的新内容和新形式,其中一个非常重要的原因就在于,这一时期很多近代思想和新理念传入我国,逐渐渗透到我国学校教育之中。

1. 西方教会学校体育思想的传入

发展到近代,西方列强开始入侵我国,对我国社会各个方面都构成了极大的破坏。在这一时期,西方国家的一些传教士在我国开设了一些教会,主要用来传播西方宗教思想,在教会中有一些体育活动,但并不是真正的体育课程。

伴随着教会活动的逐步开展，各种西方的体育思想及运动项目、训练手段等传入我国，对我国体育运动的发展产生了重要的影响。在西方体育运动的推动下，我国近代学校体育教育逐渐得以形成与发展。

2. 清朝"强国强种"思潮下的学校体育思想

在洋务运动时期，我国的学校教育开始出现了一些西方体育活动内容，"体操"课程进入学校体育教学之中，体育在学校教育中的地位逐渐提高。为巩固自己的统治地位，这一时期统治阶级开始推行"新政"，开办学校，这一时期，我国的学校体育教学获得了一定程度的发展。

3. 西方体育思想在我国学校体育教育发展中的争辩

（1）军国民体育思想

在 20 世纪初，日本、德国的军国民教育思想逐渐传入我国并对我国学校教育产生了重要的影响。在这样的背景下，我国学校教育将军事训练和体育训练设为重要的两门课程，通过体育思想在学校中的弘扬与传播，体育教学获得了一定的发展，但是德国、日本的军国民体育思想并没有从根本上动摇我国的体育教育思想。

（2）自然主义体育思想

法国教育家卢梭提出了自然主义体育思想，这一思想理论认为自然体育活动具有显著的锻炼效果，主张人在自然环境下参加各种各样的体育活动，极力主张体育对人的教育作用，虽然这一思想存在着一定的偏激性，但其中有益的成分也推动着我国学校体育教育的发展。

后来，伴随着"五四"运动的进行，自然主义体育思想开始在我国获得发展，它对注重人的全面教育的作用进行了高度肯定，我国诸多学者开始更加深入地研究体育理论与基本规律，体育学术研究在这时获得了一定的发展。

虽然自然主义的体育思想对我国的学校体育教育产生了重大的影响，但这一体育思想存在着特定的局限性，具体就是过度重视体育教学的娱乐性，学生的体质发展没有受到应有的重视，这是特定的历史背景造成的。

（3）国粹主义思潮下的"土洋体育之争"

20 世纪 30 年代，为促进我国学校体育教育的发展，社会上兴起了"土洋体育之争"的思想争辩，这客观上推动了我国学校体育教育的发展。关于"土洋体育之争"，各方都各执己见。"土体育"主要宣扬我国的传统国术，西洋体育只是我国体育发展的辅助，倡导学生应坚持参加各种军事训练活动，以增强自身的体质。而"洋体育"则反对把军事训练作为体育的唯一，主张"把劳动代替运动"。由此可见，双方的争辩非常激烈，在这种激烈的争辩下，我国学校体育教育客观上获得了一定程度的发展。

这一时期，通过西方体育思想以及训练手段以及方法的引进和利用，我国学校体育教育体系逐渐形成与发展。在这一时期，学校体育课程内容主要以西方体育技术传习为主，我国的民族传统体育，如武术在这一时期也获得了不错的发展，为后来武术纳入体育课程奠定了良好的基础。

（4）体育的"军事化"与"教育化"之争

为"救国强民"，在这一时期，很多的学者及专家开始探讨体育教育对于个人和国家发展的意义。体育"军事化"与"教育化"的思想就是在这一时期提出的。

体育"军事化"思想，主张实行全民体育化，把体育当作提高一个国家民族复兴的重要工具，另外还主张体育教育要服从于军事需要，体育教育中要涵盖大量的军事教育思想及内容。

体育"教育化"思想则认为，在整个教育体系中，体育教育属于其中重要的组成部分，只有青少年身体强健，其他方面才能获得更好的发展，体育在促进人的体质发展以及心理品质提升方面发挥着不可磨灭的作用。

（5）苏式体育与军事训练相结合的体育思想

在旧时期，苏式体育对我国的影响非常大，在这一时期，主要是苏式体育与军事体育相结合，这一思想曾经在较长的时间里占据着主流地位。这一时期的学校体育主要是向学生传授体育理论知识和培养学生体育运动技能。这两个部分在当今学校体育教学中也占据着非常重要的地位，对我国学校体育教育产生了极为深远的影响。

（三）我国近代西式学校体育教学的形成

受历史因素的影响，我国近代学校体育的发展举步维艰。在近代我国深受外国列强欺辱，国家面临着内忧外患的局面，在这样的背景下，仁人志士开始探索社会变革的道路，学校教育是其中一个非常重要的方面。

为寻求救国之路，我国很多的有识之士发起了"师夷长技以制夷"的洋务运动，在这样的背景下，西方体育被引入进来。最初，体操进入了我国学校课堂之中，成为一门新的体育课程，这是近代我国学校体育教育发展的开端。

随着洋务运动的进行，一部分资产阶级改良派又开始了革新的尝试，结合我国当时的国情创办了一些新式学堂，其中体育教育的地位非常之高，体育教育的发展受到重视。

19世纪后半叶,西方教会学校通过各种各样的手段宣传与推广西方近代体育,促使我国各个阶层都对西方体育有了更加深入的了解,这对于我国近代学校体育的发展起到了一定的推动作用。

伴随着时代的不断发展,出现了一些有利于我国学校体育教育发展的政策或文件。如1903年,清政府颁布的《奏定学堂章程》,这是我国近代史上第一个由政府颁布实施的比较完整的教育制度,对于体育课程在学校教育中的发展具有重要的历史意义。

辛亥革命时期,我国学校体育教育进一步发展,逐渐形成了课内、课外两种体育课程体系。这体现出我国学校体育教育的发展和进步。

1923年,北洋政府颁布了《课程纲要草案》,将一直以来的"体操科"改为"体育科",体育科的课程主要以球类运动、田径运动和游泳运动等项目为主,体育教学体系逐步完善和发展。

在这一历史时期,共产党想尽一切办法推动学校体育课程的建设与发展,为后来我国学校体育教育的发展积累了不少经验和教训。1941年,延安大学体育系成立,这标志着我国学校体育教育进入了一个新的发展时期,通过学校体育专业的发展,我国出现了一大批体育人才,对我国的体育事业做出了突出的贡献。

(四)现代中国特色学校体育教学的发展

新中国成立后,我国政府部门及领导人都非常重视学校体育教学的发展,在初期主要采用的是苏联模式,思想政治教育是其中的重要内容,主张体育教育要为无产阶级、为国防、为生产建设服务。这一思想在很长的一段历史时期内一直存在着,后来在社会主义改革与发展的背景下才得以改革。

1978年改革开放后,国家上下都比较重视学生的体质教育,为增强学生的体质,各学校都提出了自己的目标。随着时代的不断发展,我国政府也颁布了一些有利于学校体育发展的问题,这些文件都强调学生的全面发展,主张学校体育教学要以增强学生的体质为主要目标。

在改革开放初期,受党和政府教育部门的号召,学校开展了大量的促进学生体质健康和完善学生心理能力的各种体育比赛或表演活动。在这一时期,受西方竞技体育思想的影响,我国有些学校开始尝试开设以运动训练为主的体育课,学生的竞技体育运动水平逐渐得到提升。

随着人们对体育教育认识的不断深化,以增强学生体质为主要内容的体育教学思想受到一定的质疑。在这样的背景下,一部分学者及专家开始主张从生物、心理和社会三个维度看待体育教育,强调学校体育教育应该促进学生身心的全面发展。

发展到 21 世纪后,我国学校体育教育进一步发展,这一时期开始出现了更多的新的体育教学思想,如"素质教育""终身体育教育""健康第一"等,这些先进的体育教育思想逐步在学校中得到了良好的传播与推广,彰显出鲜明的时代内涵。

发展至今,尽管我国学校体育教育依旧存在不少问题,但通过近些年来的大力发展,目前我国的学校体育教育体系逐步完善,各个方面都获得了不错的发展,如体育教学内容不断丰富和完善,体育教学手段逐渐多样化,体育教学模式日益多元化等,这些都表明我国学校体育教育的发展和进步。除此之外,在新的时代背景下,学生的主体地位也日益受到重视。总之,目前我国学校体育教学已经步入了发展正轨,正朝着科学化的方向不断发展。

二、现代体育教学发展态势

(一)我国体育教学发展的现状及存在的问题

1. 我国学校体育教学的发展现状

据调查,虽然近些年来我国学校体育教学受到了教育部门及学校领导的重视,获得了一定程度的发展,但整体来看,仍然存在不少问题,需要引起重视。

(1)旧有的教学思想仍然占据着一定的地位

以往的体育教学思想在一定程度上是符合当时的学校教育发展状况的,但伴随着时代的不断发展,旧有的体育教学思想已显得比较落后,难以跟上时代发展的步伐。在旧有的体育教学思想观念下,很少会考虑到社会对体育教学的影响,学生的个性发展也受到一定的抑制,这对于体育教学及学生的发展都是不利的。近几年,我国一部分学校开始借鉴国外成功的发展经验和体育教学思想,取得了一定的成绩。但总体上来看,教学思想方面仍然存在一些问题,如指导思想较为老旧,存在重竞技轻普及、重课内轻课外、重尖子轻全体等方面的问题。这些都要引起重视。

在新的时代背景下,我国体育教学思想呈现出与时代不符的现状,这一现状主要体现在教学过程的方方面面,教学思想的落后导致无法激发学生学习的积极性,学生学习体育的兴趣不高,更不用谈教学质量的提高。落后的体育教学观念会在一定程度上影响体育教学改革的方向,也不利于体育人才的培养与发展。因此,在新的教育背景下,体育教师、学生以及体育教学管理人员要革新旧有的教学思想,树立正确的体育教学理念与思想,这样才能推动我国学校体育教学的健康发展。

（2）教学内容单一且过度竞技化

通过我国学校体育教学的调查可以发现,与学校其他文化课程相比,我国大部分学校的体育教学内容都存在着单一、呆板的现象,并且其中大多数体育课程内容偏于竞技化,很多动作技能对学生的要求非常高,学生无法准确规范地完成这些高难度的技术动作,因此阻碍着体育教学目标的实现。在学校中开设体育课程的主要目的在于增强学生体质,促进学生的全面发展,而运动成绩则是次要的一方面,而这种偏竞技化的体育教学内容不利于学生的学习,难以促进学生的全面发展,对于学校体育教育的进一步发展也是不利的。

（3）教学组织形式与学生及社会脱节

体育教学组织形式较为单一也是当前我国学校体育教学存在的一个问题。导致这一现状的原因在于体育教学没有与时俱进,没有跟上时代发展的步伐,与社会相脱节,这非常不利于学校体育教育的发展,对于学生的全面发展也是非常不利的。尽管近些年来,很多学校都普遍认识到这一问题,陆续采取了选修课的方式弥补这一缺陷,但总体来看仍然缺乏必要的创新,固有的体育教学内容及教学形式难以激发学生学习的兴趣。因此,为促进我国学校体育教学的发展,必须要在今后吸取发达国家的教育经验,不断充实我国学校体育教学的内容与形式。

（4）没有发挥教学计划与教学评价的作用

体育教学评价是体育教学活动的重要内容,一个良好的体育教学评价体系能为教师提供客观、真实的反馈信息,从而为教师制定和调整教学计划提供必要的依据。教学计划是指对教学过程的安排,而教学评价则是指对教学效果的检测,二者能为体育教学的发展提供重要的保障。但是在具体的操作过程中,体育教学计划与教学评价有所混淆,出现了一些错误的做法,如将教学计划看作教学评价的一部分,教学评价只重视学生的学习成绩。这种做法都是片面的,错误的。

总之,在具体的体育教学中,体育教师一定要依据反馈的教学信息,结合学生的个性特点、学习基础以及教学实际等制定切实可行的教学计划。另外,体育教师还要时刻关注学生的课堂表现、学习态度、情感表现等方面的内容,对学生实施因材施教的教学,从而促进学生的个性化与全面化发展。

（5）体育教师的主导地位受到严重削弱

学生是体育教学活动的主体，一切教学活动都要围绕学生进行，这一教学理念在当今的体育教学中得到了充分的贯彻。但需要注意的是，这一转变也在一定程度上带来了一些负面影响。在这样的教学理念下，学生的主体地位急剧提升，教师的主导地位则受到一定的排斥和削弱。发展到现在，学生的主体地位逐渐受到重视和肯定，学生在体育教学中的地位日益提高。但是我们也不能忽略了体育教师的引导作用，没有教师的指引，学生也同样无法获得进一步的发展。因此，在今后的教学中，不要忽略了教师的指导作用，要采用合作与探究的学习方式，加强师生之间的密切配合，实现共同发展。这样才有利于学校体育教学以及学生的健康发展。

2. 我国学校体育教学发展中存在的问题

通过以上调查可以发现，目前我国大部分的学校在体育教学方面仍然还存在着各种问题，归纳起来主要有以下几个方面。

（1）体育教学观念相对落后

通过我国学校体育教学的现状调查可知，当前我国学校体育教学观念还处于一个相对落后的局面，"以人为本""终身体育"等先进的教育理念虽然在学校中得到了一定的宣传，但贯彻与执行的力度却不够。在教学过程中难以激发学生的学习兴趣，学生的个性化发展受到一定程度的阻碍。

（2）没有明确的体育教学目标

目前，我国大部分学校的体育教学都以西方竞技体育项目为主，如球类运动、田径、游泳等，这就压榨了我国民族体育课程的生存空间。受此影响，我国学校体育教学目标非常不明确。当前学校体育教学比较强调竞技体育项目的开展，一些民族体育课程开展的情况不好，这种不恰当的体育课程设置不符合学生终身体育观念的形成与发展。另外，在实际的体育教学过程中，为实现体育教学的目标，教师往往采取降低教学要求和标准的手段进行教学，这难以保证体育教学的质量。

（3）教学内容与方法相对单一

受西方竞技体育的影响，我国大多数学校在开展体育课程教学时，都侧重于运动技能的培养和提高，而在一定程度上忽略了学生身体素质的发展，这与学校体育教学目标不相吻合。除此之外，受传统教育观念的影响，我国体育教学普遍采用讲解、示范、练习、预防与纠正错误等方法来组织教学过程，教学手段和方法比较单一，无法激发学生学习的积极性，因此难以获得理想的教学效果。在今后，体育教师一定要加强自身素质的发展和提高,不断更新与完善体育教学内容与方法体系。

（4）教学评价舍本逐末

教学评价是体育教学体系中的重要内容,通过体育教学评价,体育教师能够得到客观的反馈信息,通过这些信息的反馈,体育教师能够及时调整教学计划,改进教学方案,以适应不断发展和变化着的体育教学状况。能了解教学的质量,学生能了解自己的学习水平。但是当前我国绝大多数学校的体育教学评价非常不合理,大都重视终结性评价而忽视了过程性评价,不能得出客观而准确的评价结果,因此今后一定要将终结性评价与过程性评价结合起来进行,这样才能帮助体育教师更好地组织与管理体育教学活动过程。

（5）体育教师专业素质欠缺

据调查,我国绝大部分的体育教师都属于技术型和训练型的教师,他们普遍拥有丰富的经验和较高的技术水平,能为学生提供准确的技术动作示范,但是他们的理论知识比较欠缺,掌握的知识也比较陈旧,科研能力也比较弱,工作表现出很大的随意性,总体来看,体育教师的专业素质不足,欠缺全面的发展。因此,今后学校体育教育部门要加强体育教师的培养和培训,努力提升体育教师的综合素质,从而为学生提供有效的指导。

（二）体育教学的发展趋势

1. 重视学生健康素质

增强学生体质,促进学生全面发展是体育教学的主要目标,一切教学活动的开展都要围绕这一目标进行。因此我们要贯彻"健康第一"的指导思想,不断加强学校体育教学的改革与发展。促进学生全面素质的发展要重视以下几个方面。

（1）提高学生的体质健康水平

在具体的体育教学实践过程中,体育教师必须要充分贯彻"健康第一"的指导思想,不断提高学生的体质健康水平。

（2）提高学生的心理发展水平

在体育教学中也不要忽略了学生心理素质的发展和提高。大量的实践表明,学生的心理发展水平对身体健康具有非常重要的影响。某种意义上而言,心理疾病要比生理疾病的影响更为严重。在当今社会竞争越来越激烈的情况下,对人的心理发展水平的要求也越来越高。因此,在平时的体育教学中一定要重视学生心理素质的发展和提高。

（3）提高学生的社会适应能力

学生的学习和生活基本上是在学校中进行的，在其毕业踏入社会后必须要具备适应社会的能力，因此在学校中也要培养学生的社会适应能力。而体育教学就担负着一定的提高学生社会适应力的责任。在体育实践课中，学生不仅要学习运动知识和技能，同时还要与同学和教师之间展开密切的联系和交流，因此说体育课是一个"课堂社会"，是现实社会的一个反映和缩影。因此，加强学生社会适应能力的培养也是学校体育教学的一项重要工作。

2. 增强教学选择性与层次性

（1）体育课程管理体制的改革为体育教学的选择性创造了良好的条件

为保证我国学校体育教学的质量，《体育教学大纲》中规定了体育教学的各项内容，但由于各个学校都是不同的，都有自己的具体实际情况，因此教学大纲中规定的统一标准并不适用于所有的学校。因此，加强体育教学的改革，尤其是体育课程管理体制的改革至关重要。学校教育部门可以根据学校当地的经济与教育水平制定相应的标准，采用现代化的管理方式管理教学过程，从而促进学校体育教育的发展。

（2）层次性将成为体育教学中贯彻区别对待的重要方法

我国绝大部分的学校基本上采用的是班级授课制的形式，这一形式有利于体育教师的教学管理，但却不利于因材施教，不能针对学生的个性展开教学活动。在这样的情况下，分层次教学就成为一种重要的替代形式。分层次教学就是按照学生的身体素质与运动水平把学生分成不同层次，按层次确定教学方法与教学策略，从而促进学生的个性化发展，促进教学质量的提高。

（3）体育将呈现出鲜明的区域特色

我国各学校都有自己的特色，因此，我们可以充分利用这一条件，以教学大纲为依据，结合各区域学校的地理条件、体育传统等具体实际制定出富有区域特色的体育课程内容。

3. 课内外与校内外教学一体化

（1）大课程观的确立

学校体育教育的改革与发展要与时代的发展相符合，在现代教育背景下，大课程观的确立和提出，为学校体育教学的发展奠定了一定的理论基础。因此，为促进学校体育教育的发展，必须要确立大课程观，重视课堂教学与课外活动的结合，这样能有效促进学生全面发展，促进教学质量的提高。

（2）增进学生健康的需要

学校体育教育的主要目标在于增强学生素质，促进学生全面发展，作为学校教育管理部门一定要重视体育教学的这一目标。在平时的体育教学中要始终贯彻学校教育与体育课程的"健康第一"的指导思想，不断增强学生的体质，完善学生的心理品质，促进学生的全面发展。

（3）体育课程资源的开发和利用

关于体育课程资源的开发，需要从以下两方面进行。

①一方面，针对学校体育教育人力资源而言，体育教师、班主任、辅导员以及体育特长生、体育管理人员等都要充分发挥自身的优势，积极投入到学校体育教学工作之中，为了促进学校体育教育的发展贡献应有的能量。

②另一方面，对于课程时间和空间而言，要充分利用课间、休息、节假日等时间进行必要的体育锻炼；还可以利用家庭、社区、体育俱乐部等的设施参加体育锻炼，以提高自身的运动能力。

4. 多样化发展趋势

（1）学生个体体育需要的多样性

每一名学生参加体育锻炼都有自己的动机和需求，如健身需求、健美需求、娱乐需求等。作为体育教师，要充分了解学生的这些需求，选择的体育教学内容要符合学生的心理需求，满足学生的个性化要求，促进学生的身心全面发展。

（2）学校体育内容形式的多样性

为满足学生的多样化体育需求，学校体育的内容必须要多样化，可以从以下方面进行。

①开设个体健身类的体育项目。如健美运动、健身操、越野跑、山地自行车等。这一类项目形式自由灵活，能激发学生主动参与的热情。

②开设反映时代特征的现代体育项目。如足球、网球、跆拳道、攀岩等。这一类运动项目强度较大，适合青少年人群参与。

③开设休闲体育项目。如台球、保龄球、羽毛球、游泳、轮滑等。这一类项目娱乐性较强，适合绝大多数人群参与。

④开设民族民间体育项目。如武术、跳绳、跳竹竿、踢毽子、荡秋千等，这一类项目具有很强的健身价值，学校可以结合具体实际将这些项目引入体育课程，以满足学生的多种需求。

（3）学校体育组织形式的多样性

随着学校教育的不断发展，体育组织形式也呈现出多样化的趋势。

如体育俱乐部、体育社团等就是其中的代表,这些体育组织为学生参加课外体育锻炼提供了良好的机会。这些体育组织形式很好地满足了学生的各种体育需求,促进了体育教学目标的实现。

(三)体育教学的发展对策

1.大力倡导终身体育教育思想

大量的实践与事实表明,终身体育是一个符合当今社会发展的先进的体育教育理念,终身体育的发展会伴随着人的一生而不断发展。这不仅是学校体育教学应遵循的一个理念,也是人的一生中应坚守的一个理念。

在平时的体育教学中,体育教师要指导学生养成终身体育的观念和意识,在学生参加体育活动的过程中,充分贯彻这一理念,将其作为体育教学的一个指导思想,它既是学校体育教学发展的一个起点,同时也是一个落脚点。由此可见这一教学理念的重要性。为帮助学生树立终身体育的教育理念,体育教师在平时的教学中要为学生做一个良好的榜样,引导学生深入理解体育的真正内涵,激发学生学习体育的兴趣,将参加体育运动锻炼作为一项必需的活动,坚持长期的参与,久而久之就能养成终身体育锻炼的意识和习惯。

2.以课程目标调整为体育教学发展重点

体育的本质属性是增强人的体质,这与学校体育教学的目标是相符的。在体育教学中,要以增强学生体质为主要目标,根据这一目标和教学实际及时调整体育教学的方案和计划。另外,为符合体育教学的实际要求还要及时地调整和更新体育教学的目标。调整体育教学目标时要注意以下两点。

第一,注重学生的个性化发展,强调学生在体育教学中的主体地位。充分运用各种先进的教学手段与方法激发学生学习的兴趣和动力,提高学生自觉参与学习的意识,帮助学生实现个性化发展的目标。

第二,体育教师在教学中要想方设法地促进学生的全面发展,学生的全面发展主要涉及体育理论知识结构的建立、体育运动技能的掌握、体育学习方法的运用等,只有这几个方面获得发展,学生的体育素养才能得到发展和提高。

3.不断丰富体育教学内容体系

体育教学内容是体育教学活动的载体,没有了教学内容,体育教学活动也便无法进行,因此,为促进我国学校体育教学的发展,一定要重视体育教学内容的建设,从而建立和形成一个相对完善的体育教学内容体系。在构建体育教学内容体系的过程中需要注意以下几个方面。

（1）重视体育教学内容的选择与设计,制定的教学内容要符合学生身心发展的特点与个性,同时还要与现阶段的体育教学实际相符合。

（2）结合学生的个性特点设计富有趣味性的多样化的体育教学内容。一方面,多样化的体育教学内容能为学生提供多种选择,学生可以根据自己的兴趣和爱好自由选择;另一方面,富有趣味性的体育教学内容能有效激发学生学习的兴趣,从而保证体育教学的质量。

（3）选择的体育教学内容要具有一定的普适性,同时还要具有一定的民族特色。普适性是指体育教学内容可以进入体育课程并且能适用于绝大多数学生;民族性则是指教学内容要具有一定的地域性和民族性,能有效激起学生学习的欲望,同时对于我国民族传统体育的发展也具有重要的影响和意义。

4.建立一个综合性的学校体育教学体系

青少年是一个国家发展的未来,世界上各个国家都非常重视青少年的教育与发展。处于青春期的学生是学校体育教学的主体,一切教学活动都要为学生这一主体进行,这是促进学校体育教学发展的一个重要原则。

为促进学校体育教学的发展,必须要建立一个综合性的体育教学体系。这主要表现在以下两个方面。

一方面,建立一个综合性的体育教学体系要充分满足学生的个性需求和社会的体育需求,在这样的情况下,个人与社会才能获得共同的发展。

另一方面,通过学校体育教学,学生能发展成为一名身体素质强、心理素质水平高、技术水平高、个性特征鲜明、学习能力强的综合性人才。

第二节　体育教学的内涵与价值研究

一、体育教学的内涵

总体而言,体育教学的内涵主要体现在以下几个方面。

（一）体育教学是一门学科

体育教学是一个大而复杂的系统,系统内涵盖诸多元素,如体育教学目标、体育教学内容、体育教学方法、体育教学评价等都是其中重要的内容。其中,体育教学目标是促进学生身心健康,增进学生全面发展。这里所强调的重点是对体育运动的知识与技能的学习与掌握。

（二）体育教学是教育的组成部分

体育教师是教学活动的主导因素,体育教学活动都是在教师的组织与指导下进行的。体育教学内容所涉及的范围非常广泛,不同学科的知识都或多或少涉及,比如主要的生物科学、教育学、心理学、社会学、哲学等,体育教学与德、智、美、劳的教育之间是相互配合的关系,只有这些方面密切配合好了,学校体育教学才能获得发展,学生也才能实现身心全面发展的目标。

（三）体育教学是一种活动

在体育教师组织下开展的体育教学属于一种活动,这种活动具有一定的组合性特点,即有机组合起来那些有目的、有计划、有组织的体育活动。从更加严谨的角度上来说,可以将体育教学理解为是对理论知识的熟知,但是,也不仅仅局限于此,参与运动技能,积累体育感受体验也是这一活动形式的重要方面。由此可见体育教学的内涵非常丰富和深刻。

二、体育教学的价值

（一）增强身体素质

体育教学属于一个大的系统,在体育教学活动中,主要分为理论知识教学与实践活动教学。因此,这就赋予了体育教学显著的强身健体的价值。体育运动项目种类繁多,不同项目对人体运动素质所产生的具体影响是不同的,因此,在具体应用上也有所差别。比如,田径中的短跑运动项目,需要借助的是学生的爆发力和速度能力,因此,通过短跑运动教学,能对其力量与速度素质有很好的发展效果;而田径中的中长跑运动项目,则是需要借助学生的心肺功能和无氧水平来进行的,因此,对学生的耐力素质有较高要求,同时通过参加这些长跑运动也能很好地提升学生的耐力水平。

体育教学对学生的作用突出体现在身体功能的提升上，而这一功能的发挥，与体育教学规律这一重要前提有着密切联系，并且合理运用科学的教法与组织形式，才能取得较好的教学效果。

（二）完善心理品质

大量的实践与事实表明，体育教学还具有促进学生心理健康的价值，总体来看，体育教学完善学生的心理品质主要体现在以下几个方面。

1. 缓解紧张情绪

如今，学生面临着一定的学业压力，长期处于这样一种形势下，势必会影响自身的健康发展。而学生通过参加体育运动锻炼，在轻松愉快的环境下，不仅锻炼了身体，而且获得了心理的愉悦，由此可见，经常参加体育运动锻炼有利于缓解学生的紧张情绪，提高其心理品质。

2. 保持良好心情

体育运动有着非常重要的功能，学生参加各种各样的体育锻炼，其身体各个部位都要参与其中，如此才能完成各种技术动作，而在练习的过程中，人体肌肉的紧张能得到有效的缓解，能促使学生的神经得到舒缓，情绪得到缓和，从而获得运动的乐趣。因此说，经常参加体育运动锻炼还能完善学生的心理素质，促使学生保持愉悦的心情。

3. 防治心理疾病

在激烈的竞争条件下，一部分学生难免会出现一定的负面情绪，如果不及时给予必要的指导，久而久之就会产生一定的心理疾病。一般来说，在生理上，心理疾病主要表现为没有食欲、体质下降、失眠健忘；在精神上，心理疾病主要表现为情绪低落、心情郁闷、缺乏自信等。长此以往，这些心理疾病严重影响学生的学习和生活，而通过长期参加体育运动锻炼，学生在运动后往往会感到身心轻松，心情愉悦，从而以健康积极的状态投入学习和生活之中，由此可见体育教学具有重要的防治心理疾病的功效。

4. 建立良好的自我概念

有一些学生偏胖或偏矮，他们在平时的生活中会感到一定的自卑和苦恼，长期下去，就会影响学生的学习和生活。因此，体育教师必须要在体育教学过程中引导学生建立和形成一个良好的自我概念，促进自身的健康发展。

（三）传授运动技能

体育与其他文化学科有着明显的区别，这一区别主要体现在运动实践方面，运动实践是体育教学所特有的教学内容之一。某种程度上，体育运动项目的精髓和精神都是蕴含在运动技术中的，所以，体育教师对学生进行运动技术方面的传授，实际上也是体育运动传承的方式之一。

具体而言，体育教学活动中所涉及的所有的技术、战术等都是非常重要的实践技能，在安排教学内容时，也会将其放在主要的位置上，这方面的内容，甚至可以具体到某单元教学中的单个动作环节。总之，体育教学活动具有传授学生运动技能的价值。

（四）传承体育文化

我国有着悠久的历史，传统文化的内涵也非常丰富。经过长期的发展，逐渐形成了具有自身特殊意义的体育文化。可以说，体育文化也是体育教学过程中蕴含其中的重要教学内容。体育文化的传承与发展，是通过各种途径实现的，比如，体育竞赛、体育的相关科学研究、体育运动项目规则的改进、民族传统体育的挖掘与整理等，体育教学也是其中的一种重要途径。通过体育教学活动的开展，能够让学生对体育文化有一个由浅入深、逐渐全面深入的了解和理解过程，体育文化也以这种形式，在学生身上进行传承。因此，体育教学具有传承体育文化的重要价值。

（五）促进素质教育

1. 智育价值

总体而言，体育教学的智育价值，主要体现在以下三个方面。

（1）增强神经系统功能

第一，通过参加体育运动锻炼，学生神经系统的功能得到增强，这主要反映在其大脑的兴奋和抑制过程会变得比以前更集中，学生面对刺激能做出准确的反应，这就提高了学生的智力水平。

第二，通过参加体育运动锻炼，学生在运动技能的学习中能有效锻炼自己的右脑，促使右脑在容量与能力方面的优势得以充分发挥，从而提高了智力水平。

第三，通过参加体育运动锻炼，能促进学生机体血液循环的加快，进而促进呼吸系统功能的提高，在这样的条件下，学生机体能将大量的养分提供给大脑,从而促进大脑发育,提高智力水平。

（2）提高脑力工作效率

学生经常参加体育运动锻炼,能有效减缓自身的应激反应,但是只有长期、有规律的科学运动锻炼才能取得这样的效果。一个人的生理会受到特定应激源的影响,一般来说,当学生处于静止状态时,容易在生理上产生应激反应,而参与体育运动锻炼则能够促使生理应激反应的减少,从而提高脑力工作效率。

（3）消除脑力疲劳

人体疲劳主要包括生理疲劳和心理疲劳两个方面。学生在学习过程中,难免会遇到一定的困难和挫折,如果所要学习的知识超出了自己的能力范围,这时学生在生理和心理方面都会出现一定的疲劳症状。而体育教学则是脑力与体力活动的有机结合,这样的教学活动有利于使学生的运动神经中枢处于兴奋状态,在整个学习过程中,学生的神经中枢就有了交替的休息时间,这有利于消除因脑力劳动而带来的心理疲劳。因此说,体育教学具有重要的消除脑力疲劳的功能。

2. 德育价值

有很多项目属于集体运动,需要共同参与才能完成体育教学的任务和目标。如篮球、足球、排球等就属于这样一种体育项目。在参与运动训练或比赛的过程中,大家都要在既定的规则下进行运动。因此,体育运动开展的前提是守纪守则,而要想取得比赛的胜利则要依赖于集体的团结与配合。

体育比赛及游戏都有一定的规则,学生在参加体育活动的过程中,能养成遵纪守则的良好习惯。除此之外,要想获得比赛的胜利,学生就必须要注重集体的协作,增强与集体成员之间的联系,协调合作,充分发挥集体的力量。在这样的教学环境下,能培养学生遵纪守法的意识,陶冶学生良好的情操,塑造学生完美的人格。因此说,体育教学具有重要的德育价值。

3. 美育价值

体育运动具有身体美、精神美、技术美等多方面的特点,通过这些美的教育,学生的审美能力能得到有效的提高。在体育教学过程中,学生通过参加体育运动锻炼,能获得完美的身体曲线,素质良好的身体条件。在这一运动过程中,学生的审美意识也得到了有效的培养和提高。因此,体育教学体现出重要的美育价值。通过体育教学活动,学生的审美能力能得到极大的提高。

（六）提高社会适应力

体育教学还具有一定的提高学生社会适应力的价值，这一价值具体体现在以下几个方面。

1.体育教学是培养社会角色的重要有效途径

人在社会中的角色不是唯一的，而是多样的。为获得更好的发展，人们需要学习很多与角色相关的内容，其中，与角色相关的权利及义务的学习，与角色相关的态度、情感和价值观及角色转变的学习等是比较重要的。而体育教学在培养人的社会角色方面则发挥着重要的作用。

一方面，学生在参加体育教学活动中充当着多样化的角色。例如，学习中充当学生，比赛中充当运动员或裁判员等，通过不同角色的扮演，学生能深刻体会不同角色的任务、态度、情感与心理习惯、思维方式等，从而能有效促进学生的成长与发展。

另一方面，学生经常在体育教学中，通过模仿教师的动作来学习和提高运动技能，通过模仿学生可以对其所扮演的种种角色进行深刻的体会，从而增强自己的集体意识与社会意识，对自己的社会角色与地位有一个更加深入的认识与了解，从而促进自己社会适应能力的发展和提高。

2.体育教学能培养学生良好的个性

一般来说，遗传和社会环境对学生的个性会产生非常重要的影响。在学生个性形成与发展的过程中，体育教学发挥着举足轻重的作用。学生在进行体育学习的过程中，需要身体的直接参与，整个体育学习过程具有很强的开放性，学生之间的联系非常紧密，体育教学的这一特征是其他学科无法比拟的。

3.体育教学有助于改善人际关系

在当前激烈的社会竞争背景下，人与人之间的关系变得非常冷漠，这非常不利于和谐社会氛围的形成。表现在学校教育中也是如此，学生埋头学习，与其他同学之间的接触与交流较少，这不利于人际关系的发展和改善。而体育教学则能打破这种局面，学生一旦参与到体育课学习中，就需要与同伴进行交流与学习，密切的团队合作使得彼此间的联系更加紧密。

通过参加各种各样的体育活动，学生之间能互相传达信息，互通有无，交流自己的心得，彼此都能获得良好的发展，这对于促进学生的社会化进程也是非常有利的。总之，通过体育教学，学生在参与体育运动锻炼的过程中能保持一种良好的人际关系,这有利于学生的社会化发展。

综上所述,通过参加各种体育教学活动,能很好地提高学生的社会适应能力,因此说体育教学具有一定的提高学生社会适应力的价值。

第三节 创新教育与体育教学的关系探讨

大量的实践表明,创新教育理念对于体育教学具有重要的影响和意义,二者之间有着极为密切的关系,在体育教学中要将两者有机结合起来,这会对学校体育教学产生积极的作用。

一、创新教育理念对体育教学的要求

创新教育理念的实施不是随意进行的,要符合一定的要求,这种要求所针对的主要是体育教学的主体及其行为,即教师的教和学生的学,也就是说整个体育教学活动。

(一)创新教育理念对体育教师要求

1.挖掘与培养学生潜能

每个学生都有自身的个性特点和潜能,通过一定的手段,学生的潜能就能被挖掘与开发出来,体育教师要坚信这一点。学生的众多潜能中包含创新潜能,这是一个非常重要的潜在能力,挖掘与培养学生的创新潜能,有助于对创新型人才的大力培养。教师要相信,潜能的大小与学生的成绩没有必然的联系,不仅成绩好的学生有创造潜能,成绩差的学生也有,只是有待挖掘,所以对教师来说,要在平时的教学中注意挖掘与培养学生的潜能,这是一项非常重要的工作内容。

2.培养学生的创新思维能力

由于学生的个性都是不同的,自身综合素质也存在着一定的差异。因此教师在对待所有的学生时,没有一种模式是万能的,这就要求其能够了解与尊重学生的不同个性,针对不同的学生有针对性地进行教育,将统一要求与弹性要求结合起来。对于兴趣广泛的学生,教师要对其尊重,并允许其表明自己的态度,在课堂上要善于引导学生开动脑筋,发散思维,鼓励其创新。有些学生的想法看似"稀奇古怪",实则有自己的逻辑和态度,教师不能主观否定,要多鼓励,多引导,并主动要求学生在课堂上提出质疑,培养学生的创造性思维能力,从而促进学生的全面发展。

3.培养学生的创造意识与能力

学生的创新素质能够通过丰富的教育内容和多元化的教育手段得到培养与提升,教育的这一功能与作用非常重要,教师要在正确认识这一功能的基础上想方设法将其发挥到最大程度,促进学生创造意识与创造能力的提升。

4.善于运用启发教学法培养学生自己动手解决问题的能力

创新教育的主体是学生,教师要在平时注意提升自己的创新能力,这样才能对学生的创造性进行积极的培养。学生在自主学习的过程中往往更容易开动脑筋,拓展思维,所以教师要打破教师主动教与学生被动学的传统课堂模式,留出一定的时间让学生自主学习、合作学习、探索学习,使学生将其主观能动性和潜在的能力发挥出来。教师可在课堂上创设一些问题情境,启发学生主动思考问题,积极寻求解决问题的办法。久而久之就能有效提高学生自己动手解决问题的能力。

(二)创新教育理念对教学方法选择的要求

随着学校教育的不断发展,各种教学方法层出不穷。而创新的教学方法是在一般教学方法的基础上实现的,因此,两者之间既有一致性,又有其特殊性。鉴于此,要求体育教师在系统理论的指导下,以时代发展需求为依据,大力开展体育创新教育,促进学生创新素质的不断提升。只有如此,学生全面发展的目标才能得以实现。

(三)创新教育理念对学生及学习方式的要求

1.要求学生要树立正确的创新价值观

(1)正确认识创新的内涵

体育教师要引导学生正确地认识创新的基本内涵,使每个学生都意识到自己具备创新的能力。创新的成果并非都是影响力巨大的,现实生活中或日常学习中通过创新取得的成果是非常务实的,创新可存在于很小的事物中,学生学习体育课程,可通过采取新的方法来解决学习中的问题,或用不同的方式表现一个技术动作,这都是创新,由此可见创新并不是一件特别难的事情。

（2）消除学生的创新自卑感

在平时的教学中，一部分学生具有一定的消极情绪，充满了自卑感。为消除学生的这一自卑感，体育教师要引导学生，使学生不要认为创新都是科学家做的事，强调人人都可以创新。

（3）引导学生客观评价创新能力

面对一件事物或事情，学生通常都有自己的想法，能想方设法地去解决问题，这就是创新素质与能力的具体体现。学生在找到新的解决方法后，应能够客观评价自己的创新思维或做法是否有逻辑性，是否有价值，评价后及时反思，如若发现新的想法或做法行不通，要及时转换思维，寻求其他新方法，这样的创新思维与行为才有价值和意义。

（4）学习创新的典型

在平时的生活中，有很多创新的典型案例，教师要善于引导学生发现这些典型的案例，主动学习，激发自己的创新思维，使自己的创新意识和创新能力得到提高。学生在学习创新案例时，要避免一味的模仿，可以适当借鉴，把意识转化为行动，努力提升自己的创新能力。

2. 掌握学习方法并不断改进

学生接受体育教育，不仅要掌握体育知识与技能，还要学习和掌握学习的方法，这是学生一种非常重要的能力。在未来的体育教学中，教师的角色会变得更加丰富多元，除了要扮演好"传授者"这一基本角色，向学生传授体育知识与技能，还要善于启发学生的思维，引导学生创新，因此教师的角色在"传授者"的基础上又增加了两个新角色，即"引导者""启发者"。教师角色发生变化的同时，学生的角色也发生了相应的变化，主要表现为突破传统的"接受者"角色，增加了新角色，如"思考者""筛选者"等。因为角色发生了变化，更加多元丰富，所以学生的学习方法也要打破陈旧，除了要运用好传统学习方法外，还要善于运用新的学习方法，如合作学习法、探究学习法、掌握学习法等。学生采取多元学习方法掌握丰富的知识后，如果教师传授的知识存在不合理性，则学生更有信心提出质疑。学生除了质疑教师外，也要善于自我反省，发现自己的问题，然后主动改进，不断充实与提升自己。角色多元化的学生更能主动发挥自主性，自主探究问题，在课堂上积极回答问题，并在教师创设的问题情境中认真思考，积极探索，用创新的方法解决问题，久而久之，学生的创新能力就能得到很好的培养和提高。

大学生创新能力的提高并不是一件容易的事情，整个创新的过程具有一定的复杂性，而且学生难免会走错路，走弯路，对此，教师要善于引导，给予学生必要的帮助，不能过分的责备。学生可将此作为自己的宝贵经验,在犯错误后能及时改正,走弯路后能及时停止脚步,重新开始新的探索,新的思考,并再次付诸行动,走一条正确的路。为了培养创新型学生,必须要在课堂上或实践活动中充分启发学生的创新思维,提高学生积极主动解决问题的能力。

二、创新教育价值在体育教学中的实现

(一)整合体育课堂中的人文教育和知识教育

据调查表明,我国大多数学生都存在着或多或少的体质问题,亚健康在大部分学生中都普遍存在。体育具有强身健体的功能,因此学校体育教学要将解决学生体质健康水平低下的问题作为一项重要教学目标,通过体育教学大力改善这一问题,全面改善学生的体质健康状况。教育能够促进人的社会化,这是教育的一个重要目标,也是教育的社会功能的体现,鉴于此,学校要避免仅从学生体质这个单一角度入手来解决学生的体质问题,如果这样,不仅体质问题得不到解决,反而会引起其他问题,这也是头痛医头、脚痛医脚的主要弊端。体育教学的目标是多元化的,如增强体质、掌握技术,这是主要目标,但很多人都认为增强体质、掌握技术是体育教学的全部,这种理解比较肤浅和狭隘,因此回归文化本位思想是解决学校体育教学问题的必然要求。

体育有着非常丰富的内涵,体育意识、体育精神、体育知识、体育技能、体育语言、体育符号、体育行为、体育规则、体育制度等都属于体育人文的范畴。体育教育和人文教育之间存在着非常密切的关系,二者都以育人为目的,在育人方面互为一体。人的全面发展是教育的一个重要理念,该理念要求体育教育与人文教育要实现深度融合,此外,二者的融合也是科技、社会和教育发展的必然要求。只有如此,学校体育教育才能获得健康的发展。

在学校体育教学中,教学活动的组织与开展,一个非常重要的任务就是传授学生知识、培养学生品格,能否顺利实现这一任务,与教学内容是否广泛有很密切的关系,不断充实教学内容,使教学更具多面性,这对实现育人目标非常重要,这就对体育教育与人文教育的结合提出了严格的要求。体育教学具有实践参与性,要求学生亲身参与体育活动,掌握运动的技巧,切身感受与体会运动的魅力,提升力量、速度等身体素质,除此之外,学生参与各种各样的体育活动还能获得精神上的享受,这与体育人文教育是不谋而合的。因此,一定要将体育课堂中的人文教育和知识教育

结合起来进行。

（二）充分发挥体育教学中的隐性因素

在体育教学中存在着各种各样的隐性因素，这些隐性因素潜移默化地发生着作用，有时候这些作用并不亚于其他显性因素的作用，充分发挥这些隐形要素要注意以下两个方面。

1. 重视身体的教育

人们有时候存在着一些无意识的心理活动，在这些心理活动中往往蕴藏着人的学习潜能。有时人们会在无意识的活动中产生灵感，顿时感到豁然开朗，这与其大脑中储备的知识、长期积累的经验有很大的关系，这些知识与经验可以说是灵感的来源。因此，体育教师不仅要做"人类灵魂的工程师"，而且要担当起"塑造人类健美的建筑师"的重任。体育教师本身就是学生的审美对象，体育教师的举手投足都会对学生产生潜移默化的影响，这种影响涉及教育作用，也涉及审美意义。因此，这就要求体育教师要给予学生必要的引导，为学生做好示范。

2. 重视风气的教育

一个具有良好风气的学校，通常能形成良好的教学氛围，为学生的发展提供重要的保障。风气指的是学风、教风、校风，具体表现为校园舆论、学生行为准则、价值观念、道德规范等，这些都是由学校中的师生共同享有的。学校各学科的教学都在长期实践中形成了自身独特的"风气"，体育学科的教学同样如此，我们可以将学校体育"风气"理解为校园体育文化，其所具有的育人功能非常强大，而且也较为独特，学校培养体育人才，离不开校园体育文化的教化。体育教学中，对学生体育兴趣与体育参与积极性的培养非常重要，只有学生对体育感兴趣，才能在体育课上自觉配合，课后自觉参与体育活动，并在日常生活中关注体育相关内容，久而久之，形成良好的体育锻炼习惯，并通过锻炼达到强身健体、提高心理素质、增强意志品质的目的，最终实现全面发展。

（三）充分落实"教""管"结合的育人思想

在体育教学中教是基础，学是根本。教师的主导性和学生的主体性这两者作为体育教学的两个方面，关系密切，相辅相成、相互促进。因此，这就要求必须正确认识教师的主导性和学生的主体性，师生要密切合作才能共同推动学校体育教学的发展。

　　体育教学一个非常重要的意义就在于将规则明确下来,对纪律提出严格要求,教导学生应该做什么,不该做什么;什么时候适合做什么事,这也是有序开展体育教学活动的基本保证。在体育课堂上,学生遵守纪律,学习知识,按规则允许的范围内完成动作,这样都能增强个人的学习体验。这一种学习体验对于学生将来毕业走上社会也具有重要的意义。

第三章　体育课程设置与教学的现状分析

体育课程在学校课程体系中是一个非常重要的组成部分,体育课程教学也是学校教学改革的主要内容。新课标对学校体育课程安排、课程教学的实施均提出了全新的要求,以此来满足社会发展的需要。可见,加强对体育课程设置及教学的研究具有重要意义。本章着重对体育课程设置及教学现状展开分析与探讨,首先阐述体育课程的基本知识,分析体育课程教学发展;其次探讨体育课程设置的基础与现状;最后分析体育课程教学的现状与问题。

第一节　体育课程概述及教学发展

一、体育课程概述

(一)课程与体育课程的概念

1.课程的概念

在教育活动中,课程的基础与核心地位足以说明其重要性,所以科学界定课程的概念非常必要,而且这里先分析课程的概念,也是为了对体育课程的概念有更清晰的理解。

关于课程概念的界定,学术界有很多不同的观点,下面列举几种常见的观点。

观点一:课业及其进程即为课程。

观点二:课程指的是教学的科目。

观点三:学校的所有教育内容及其进程即为课程,学校对教育内容的选择与组织是以学校的教育目标为依据的,实现教育目标是组织与实施课程的主要目的。

观点四:课程是由一系列规划和媒体组成的,这里的规划包含教育目标、学习活动以及文化成果，规划对学校育人活动具有重要的指导作用。媒体对学生认识与探索世界、了解和提升自己具有重要的引导作用。

观点五：学校教学活动中关于教什么、何时教、如何教以及学什么、何时学、如何学的问题就是课程。

观点六：课程是学生在学校教育中获得的教育性经验，这些经验帮助学生健康成长、全面发展。

观点七：对学生获得教育性经验具有指导性作用的一系列计划就是课程。

学者之所以对课程的概念有不同的界定，主要是因为其所处的社会背景、自身的认知水平以及参考的方法论基础等是不同的，而且不同的学者在不同的层次上对课程进行界定，因此关于课程概念的表述方式非常多。对比上面所提到的关于课程概念的几个观点来看，这些观点中不管是提到课程的内涵，还是涉及课程的外延，都各有不同，甚至形成了明显的对比。学者面对原本就非常复杂的课程，理应从不同视角及层次对其进行研究，只是这样一来很难对课程的概念进行统一的界定，因为有的学者在下定义时，着眼点在于课程的理念，有的则对课程的实践比较关注，此外课程的性质、功能、内容、结构、作用等也是不同学者给课程下定义的常见着眼点，甚至有的界定方式虽然着眼点相同，但因为侧重的内容不同，所以定义也不同，如从课程的作用出发对课程的概念进行界定，有的侧重于课程对学习者的作用，有的则侧重于对社会的作用。

我们不能把课程当作纯粹的观念形态，也不能将其当作纯粹的客观事物，课程具有一定的能动性和自主性，同时它也可以被制约、被决定。课程的复杂性体现在其既有主观性，也有客观性，既有物质的性质，也有精神的性质。正因为课程是复杂的主客观结合体，所以专家可以对其概念进行多样化的表述，也可以从不同角度和层次研究课程，对其规律、本质及特征进行多样化的探索，从而使人们对复杂的课程有清楚的了解和全面的把握。可见，为了对课程有正确且全面的认识，就应该从多角度、多层面对其进行研究。

2. 体育课程的概念

课程的概念有多种不同的界定方法，这会影响我们如何界定与理解体育课程的概念。不同的体育学者对体育课程概念的界定也是有区别的，这与学者对课程概念的理解、树立的体育课程观、参考的方法论基础以及对体育课程概念的研究层次等有关系。现阶段，关于体育课程概念的界定有几种较为常见的说法，包括"课程"说、"学科"说、"内容"说、"活动"说、"方案"说等，这些界定方法都具有一定的科学性、合理性，我们不能说哪种说法是正确的,哪种说法是错误的。体育课程概念的各种不同表述方式有助于我们对体育课程的本质、内涵形成多角度、全方位的认识与理解。

不同的学者从不同的角度、层次及维度研究体育课程,所以对体育课程的理解也不相同,再加上学者树立的课程观有差异,体育课程研究水平较低,研究理论基础不完善,导致学界对体育课程概念的界定至今还未统一。为了便于理解与研究,这里重点阐述一种常见的体育课程定义的表述,即体育课程是以相关学科为基础,以身体运动原理、保健知识为内容,以学生直接身体运动为形式,开展有计划、有组织的课内外活动,从而实现提高人体机能、发展心理健康目标的学校教育科目。[①]

(二)体育课程的分类

关于体育课程分类的问题,相关方面的研究并不多,现有的一些研究中将这个问题与体育课程内容的分类混为一谈,缺乏严谨性。体育课程分类的研究之所以不多,主要是因为体育课程的概念还未统一,而且有很多分类标准,所以要准确划分体育课程的类型有一定的难度。除了这个原因外,还有一个原因也是影响体育课程分类的主要原因,那就是作为年轻学科的体育课程,其内容体系还不够完善,而且在内容体系构建中尚且有争议存在。总之,关于体育课程分类的问题,还有待进一步深入研究。

从现有的资料来看,常见的体育课程分类方式见表3-1。

表3-1　体育课程的分类方法

分类标准	具体类型
体育课程内容	体育理论课程
	体育实践课程
体育课程的历史形态	原始体育课程
	古代体育课程
	近代体育课程
	现代体育课程
教育层次	幼儿园体育课程
	小学体育课程

[①]　邓星华,谭华.新编体育教学论[M].上海:华东师范大学出版社,2008.

分类标准	具体类型	
	中学体育课程	
	大学体育课程	
课程的价值取向	以功能为本位的体育课程	体能主义课程
		社会发展课程
	以运动内在价值为本位的体育课程	运动教育课程
		竞技教育课程
	以个性解放为本位的体育课程	人本主义课程
		托拉普斯课程
体育课程的地位和作用	显性体育课程	
	隐性体育课程	
学习选择的自由程度	必修课程	
	选修课程	

（三）体育课程的实施

体育课程最终要通过实践活动来实现其作用与价值，因此制订好课程方案后，就要采取实际行动来落实，只有科学组织与实施体育课程实践活动，才有可能实现体育课程目标。否则即使课程方案再完美，课程目标再理想，倘若缺少了实践活动，都将没有实际意义。在整个体育课程理论中，体育课程实施理论占据重要的地位，而且在体育课程运行的整个过程中，最活跃的环节非体育课程的实施莫属。对体育课程的实施进行研究，有助于深刻认识体育课程的变革过程及变革实际，并能够对体育课程计划进行优化与完善，促进体育课程理论的丰富。下面主要分析体育课程实施的取向及过程。

1. 体育课程实施的取向

（1）忠实取向

体育课程的实施过程其实就是将已经制订好的体育课程方案予以执行的过程，这个过程中必须做到忠实，忠实地执行方案，能够使课程的实施有条不紊地进行，减少出差错的几率，也能避免遇到问题后手忙脚乱，无法应对与处理。从体育课程实施的这一取向来看，体育课程能否成功实施，要看体育课程方案的实现程度如何，若实现程度高，那么成功实施的可能性大,而如果实现程度低,那么就会影响课程的顺利实施。我们强调忠实地执行课程方案,并不是说一定要按部就班,在具体实施过程中还是要根据实际情况灵活调整,必要时要进行一些改革与创新,从而达到比预期更好的效果。

（2）相互适应取向

在体育课程方案的实施过程中,实施主体要与实施情境建立相互适应的关系,以学校或教学对象的实际情况为依据调整课程方案中的因素,如课程目标、课程内容、课程组织形式、课程教学方法等,使之与学校情境相适应。除了要调整课程方案以适应学生的特点、需要及实际教学情境外,还要改善教学情境来适应体育课程方案,从而创建良好的教学情境,促进体育课程计划的顺利实施,实现预期的教学目标。执行体育课程方案,要在方案运用者及学校情境中间做好协调工作,使方案运用更顺利,根据实际情况合理修订课程方案、优化学校教学情境非常重要,这有助于使课程方案与学校情境之间保持长久的适应与协调关系。

（3）创新取向

在一定的教学情境中,体育教师与学生共同参与体育课程的实施,并在这个过程中共同缔造有价值、有意义的教学经验。师生缔造经验需要在一定的材料基础上进行"再造",这个材料就是体育课程方案或体育课程计划。体育教师与学生按照已经制订好的课程计划开展教学活动,实现教学目标,在整个过程中不仅学生能有所收获和进步,体育课程体系本身也会渐渐完善。体育课程方案是非常重要的教学资源,这是体育课程顺利实施的重要基础。

体育课程实施的三个取向各有自己的优点和不足,而且适用的条件也不同,不同的取向会在不同程度上影响体育课程知识的创造、体育课程的改革与研究。此外,如何理解体育教师的角色也会受到这些取向的影响。不管是社会情境、体育情境还是教育情境,都存在一定的复杂性,再加上体育教育的变革呈现出多样化的趋势,因此以上三种取向在不同的体育教育情境中可以体现出不同程度大小的价值。这有助于我们从新的角度理解体育课程实施的本质。在体育课程的发展中,课程实施这个环节很重要,对于体育课程实施,可以从不同的角度去理解,而且理解的角度不同,产生的实施倾向也不同,常见的理解角度有在课程实施中对待"课程"的态度、课程实施中对体育课程方案的调整、不同教学情境中实施课程方案取得的效果、课程实施中重课程内容还是教学方法,等等。

2. 体育课程实施的过程

实施体育课程,要经历下面三个连续的阶段,它们共同构成了体育课程实施的完整过程。

（1）起始阶段

体育课程的实施要按一定的步骤进行,设计实施步骤的阶段就是起始阶段,在这个阶段还要保证已设计好的课程实施方案及实施步骤能够被学校接受。这一阶段的实施计划主要包括如下内容。

第一,谁参与课程实施?

第二,希望在课程实施中得到什么支持?

第三,课程实施主体做了什么教学准备?

（2）实施阶段

实施阶段是行动阶段,主要是实施课程教学方法与教学模式。此外,介绍说明与实施体育课程的变革也是体育课程实施阶段的重要内容。促进学生向好的方向变化,达到学校教学目标的要求,满足社会的需要,这是体育课程编制的主要目的。作为体育课程编制的一个重要组成部分,体育课程实施在实现课程编制目的方面发挥了重要的作用,实施阶段能够使现实向期望的方向变化。这个阶段要求体育教师对体育课程变革有一定的认识,并能对课程变革进行合理控制,这就需要教师思考以下问题。

第一,课程改革会带来哪些好的变化?

第二,是什么原因引起了学生积极或消极的变化?

第三,变化的结果是否可以提前预见?

第四,体育教师是否能够对引起学生变化的因素进行控制?

（3）维持阶段

这也是体育课程改革的控制阶段,如果没有将这个阶段的工作提前计划好,那么容易导致体育课程变革停滞不前甚至倒退,这样就不能将体育课程实施的维持阶段称作是制度化阶段了。在体育课程教学中,课程本身一些内容的自行变化常常被体育教师忽略,这就导致改革后的体育新课程与原来的课程有非常明显的差异。

二、体育课程教学发展的特点

（一）指导思想的特征

在原来的体育教学中,健康只是众多教学目的中的一个目的,而当

"健康第一"的指导思想被明确提出后,健康就成了体育教学的最高目标和终极方向,"体育为健康"的理念在这个指导思想中得到了充分体现。健康第一的指导思想主要从以下几个层面体现出来。

1. 注重学生的整体健康(微观)

没有疾病就是健康的说法早已被推翻,生理、心理、道德、社会适应都处于健康状态才是真正的健康。四维健康观的影响力很大,在新的健康观及世界体育课程发展趋势的影响下,我国体育课程将健康作为终极目标,追求学生的整体健康和全面发展。现代体育课程的最大特色就是具有整体健康促进功能,体育课程能够帮助学生实现整体全面的健康,而这是学校其他课程都无法达到的效果。体育课程教学要努力实现多个目标,而健康是终极目标和最高目标,围绕终极目标提出的目标主要有掌握运动保健知识的目标、增强体能的目标、塑造体形的目标、提高环境适应能力的目标、培养道德品质的目标、培养坚强意志的目标以及提升合作能力的目标等。

2. 形成健康生活方式(中观)

教育即生活,作为教育的重要组成部分,体育教育要密切联系学生的生活,使学生掌握丰富的体育知识与技能,塑造健康的身体素质和道德品质,养成健康的生活习惯,从而更好地适应当前的生活和迎接未来的生活。因此,使学生追求健康生活方式也是我国体育课程所建立的一个重要目标。

机械化、信息化、智能化、便捷化,这是现代生活方式所呈现出来的几个重要特征,现代人出门自驾车或乘坐公共交通工具、用洗衣机洗衣、用吸尘器打扫卫生、用洗碗机洗锅碗瓢盆,类似这样的现象非常多,可见现代人的活动量较少,缺乏运动,长时间如此,必然会影响新陈代谢,导致体质下降,引起肥胖、颈椎病、骨质疏松等疾病,身心健康亮起红灯。健康功能是体育的本质功能,体育对人类健康的重要性不言而喻,现在对一个国家的社会文明程度及综合国力的判断也会将体育作为一个重要的指标。在新课改中,体育课程强调培养学生的运动兴趣,激发学生的锻炼热情,通过开展课堂体育教学和课外体育活动的方式对学生的运动习惯及终身锻炼意识进行培养,并呼吁学校、家庭、社区协调干预学生的健康,使学生形成健康的生活方式和科学的生活习惯,只有健康地生活,才能长久维持健康。

3. 面向社会促进健康(宏观)

学生的健康受诸多因素的影响,学校教育的影响固然很大,但家庭、社会的影响同样不可忽视。学生的健康问题只靠学校单方面干预是不够的,有必要将学校、家庭及社区的力量充分整合起来联合加以干预,从根本上解决学生的健康问题,促进学生健康成长。体育课程教学不仅注重培养学生的体育素养、科学锻炼意识及健康行为习惯,还鼓励学生向他人分享自己掌握的运动知识,普及健康常识,从而延伸体育课程教学,扩大体育课程教学效果,将家庭、社区的运动热情调动起来,营造浓郁的运动氛围,最终实现社会的整体健康。社会有关力量的整合又能为体育课程计划的实施提供良好的条件,最终使学校与社会共同为青少年学生的健康成长服务。

目前,健康行动计划的制订与实施在政府、学校、家庭、社会等大大小小的领域已经形成了一股热流,而学校体育是健康行动计划得以落实的重要力量,体育课程教学与革新又是学校体育工作的重点内容。因此,从全社会的宏观视角来看,体育课程必须重视学生的整体健康,进而营造健康的社会氛围,创建和谐的社会生活环境。

（二）课程理念的特征

课程理念是课程设计者在进行顶层设计时必须具备的,需要课程实施者付诸实践的教育教学的信念,是课程的灵魂和支点。现代体育课程教学非常重视学生的发展,关注学生的健康、运动兴趣、运动意识和习惯以及学生的个体差异,目的在于通过激发学生的运动兴趣,培养其终身运动的意识和习惯,促进学生健康成长。体育课程教学理念的发展呈现出以下几个方面的特征。

1. 树立"健康第一"的指导思想,促进学生健康成长

学生的发展需要以健康为基础,同时健康又是学生发展的终极目标之一。体育与健康课程以"健康第一"为指导思想,主要体现在课程目标设置、课程结构设计、教学内容与教学方法选择、课堂教学的组织实施以及教学评价等课程实施的各个环节中。体育课程教学非常强调与健康有关的知识和技能,并要求体育教师注意引导学生培养健康的饮食习惯,形成健康的生活方式,从而促进学生可持续发展。

2. 激发学生的运动兴趣,培养学生的体育锻炼习惯

人们不参加体育活动的原因有很多,其中相当多的人是因为对体育缺乏兴趣。兴趣对学生的体育锻炼有着巨大影响。在新一轮体育课程改革中,充分关注激发与提高学生运动兴趣的重要性,并根据学生的身心发展特点,将学生的体育运动兴趣和运动参与按学段提出了相应的要求。

小学阶段,体育与健康课程主要通过游戏教学来激发学生的体育学习兴趣;初中阶段,主要以单元教学的方式,相对集中地针对某一项运动技能进行教学,尽可能多地让学生接触并学习一些常见的运动项目,相对系统地学习体育基本知识和技能,以提高学生的体育学习兴趣;高中阶段则采用选项式模块教学的方式,高中三年级学生可选择自己感兴趣的一两项运动项目进行系统学习,目的是培养学生的运动爱好与专长,离开学校之后能够运用自己所掌握的一两项运动技能积极参与体育运动,形成终身体育运动习惯,培养健康生活方式。由此可见,现代体育课程教学不再以体育学科或者教师为中心,而是更多关注学生的健康需求和发展需要。

3. 以学生发展为中心,帮助学生自主进行体育学习与运动锻炼

现代体育课程教学强调从课程设计到学习评价,始终以促进学生的身心发展为中心,关注学生学习兴趣的培养。学生的运动兴趣不是自然产生的,教师需要采用丰富多样的教学方法去不断激发和引导,只有适合学生身心发展特点的教学方法才能调动学生学习体育的积极性。在体育课程教学中,要从学生的身心发展特点出发,在充分发挥体育教师主导作用的同时,在教学中倡导自主、合作和探究等多种学习方式,帮助学生学会学习,养成发现问题、分析问题和解决问题的能力,促使学生掌握有效的学习方法。目前,越来越多的体育教师开始接受这一理念,并运用于体育课程教学实践。例如,体育教师采用生动活泼的体育游戏教学、情境教学和主题教学等方式,在激发学生体育学习兴趣的同时,也有效地帮助学生学会自主学习。

4. 关注地区差异和个体差异,保证全体学生受益

受教育是我国公民依法享有的权利,教育具有公平性。对于体育课程来说,教育的公平性体现在保证每位学生都享有体育与健康的权利和义务。我国幅员辽阔,地区条件差异大,加上各地经济发展不平衡,导致不同地区间体育教育资源的差异非常明显。为了保障所有学生都享有体育与健康权利,现代体育课程教学强调在保证国家课程基本要求的前提下,充分关注不同地区、学校和学生之间的差异,提倡各地各校根据自身实际情况开发利用当地体育与健康课程资源,制定相应的课程实施纲要和校本课程,并在教学内容的选择上有充分的自主权。体育教师有权在教学实践中根据学生的个体差异和实际情况合理使用各种教学方法和教学模式,为每一位学生创设积极的学习环境,保证所有学生都能从体育课程教学中受益。

（三）课程设计的特征

在"学科中心"的理念指导下,教学大纲的课程设计首先考虑的是如何根据学科本身的逻辑结构来安排教学内容,目的是使学生掌握体育课程内容;而体育课程教学的理念则是"以学生发展为中心",最终目的是为了学生的健康发展,所以教学首先考虑的是学生的身心健康发展需求,学习后需要达成的体育与健康课程目标,然后根据需要达成的目标选择适宜的教学内容和教学方法。

1.根据学生发展的需求和身心特征确定课程目标

课程目标是课程设计与教学实施的出发点和归属。按照体育与健康课程的学习目标和内容性质,体育课程设置了运动参与、运动技能、身体健康、心理健康与社会适应 4 个方面的学习目标,然后再根据不同年龄学生的身心发展特征由低到高的发展顺序,将基础教育阶段的 12 个年级划分为水平一至水平五,并在此基础上设置了发展性的水平六,在每个水平上设立了更加明确和具体的水平目标。学校和体育教师根据教学的需要,在设置学年目标、学期目标、单元目标、课时目标时,通过替代、拆解、整合的方式,一步步将目标细化,最终将课程目标落实到每一节课中,从而实现"以学生发展为中心"的理念,促进学生身心全面发展。

2.根据课程目标、学生兴趣以及课程资源选择教学内容

现代体育课程教学摒弃了原来教学大纲中统一规定具体教学内容和时数安排的做法,只提出了课程的目标体系和内容框架建议,确定以目标的达成来引领教学内容和教学方法的选择,给不同学校的体育课程教学更大的自由度和灵活性。根据学生的身心发展特点规定各水平学生在运动参与、运动技能、身体健康及心理健康和社会适应 4 个方面的学习目标,而具体教学内容、教学时数安排的权力全部下放到学校和教师身上,使学校和教师拥有更大的教学自主权,各地、各校和体育教师可以根据新课标精神、要求及各方面的实际情况,自行选择不同的内容,采用多种方法实现教学目标。

在"目标引领内容"的理念下,体育教师在选择教学内容时,有了更大的空间和自由,特别是那些经济发展水平较低、学校体育环境较差和教学设施建设落后的学校中的教师,可以结合当地特色,研究在现有条件下如何达到课程目标、如何激发学生的学习兴趣,如何利用和开发现有教学资源来达到教学目的,开展丰富多彩的体育课程教学。

（四）教学方式的特征

随着课程理念的转变,体育课程教学也从原来关注教师"如何教"转变成关注学生"如何学",尤其是拓展了学生的学习方法。原来传统的体育学习方法以接受—灌输式学习为主,这一方法的确能帮助学生快速掌握正确的技术动作和知识。但是,要培养学生的体育学习能力,单纯依靠传统的、单一的教学方法是远远不够的。新体育课程提倡新型的学习方式,提出体育教师要善于引导学生进行自主学习、探究学习与合作学习,培养学生的创新精神和实践能力,激发学生的学习兴趣,教给学生有效的学习方法,使学生学会高效率地学习,通过有限学时的学习掌握更多的体育知识和技能。

1. 强调自主学习

自主学习对应的是"被动学习""机械学习"和"他主学习"。体育课程强调的自主学习更多注重的是学习的主体性,强调的是学生自觉、主动地参与学习活动,获得持续的学习动力,形成良好的学习态度,获得较强的学习能力。

在现代体育课程教学中,体育教师越来越注重给学生的自主学习提供机会,创造良好的学习环境,提供充足的时间和自由的空间。比如,教师会引导学生尝试不同的力量练习方式,用不同的器械锻炼肌肉力量,从而达到增强力量素质的目标。此外,体育教师关注学生自主学习还体现在课堂教学结束后教师引导学生评价自己的学习成果,引导学生之间相互评价。

2. 鼓励探究学习

探究学习方式有助于对学生的判断能力、分析能力及质疑精神进行培养,也能促进学生探索意识与创新意识的增强。主动性的探究学习方式与被动性的接受学习方式相比,其体验性更强,问题性更突出,实践性更鲜明,对学生实践创新能力的培养具有重要作用。

有人认为,体育健康知识与运动原理都是经过科学验证后的成果,已有的运动生理学、运动医学、运动生物力学等运动科学理论足以证明体育课程内容的科学性,所以没必要让学生进行探究学习,没有什么可值得探究。此外,不支持探究学习方式的人还认为这种学习方式耗时耗力,会浪费学生的有效学习时间,影响学生掌握更多的体育知识与技能。现代体育课程教学对学生的探究学习非常重视,之所以鼓励学生进行探究学习,主要是为了对学生的好奇心、创新思维及分析解决问题的能力进行培养,而不是让学生发现原理、构建知识。学生在探究学习中激发的好奇心、产生的创造思维及形成的解决问题的能力有助于提高其体育学习能力,使其在终身学习中发挥自身的能力,有更多的收获。

新课改后,体育教师越来越重视在体育课程教学中创设情境来引导学生思考、发现及探究,鼓励学生自主解决问题,对学生的探究精神、创新思维进行培养。例如,在体操课上,授课教师让学生将之前掌握的翻滚动作练习一遍,然后提问:速度最快的翻滚动作是哪个?如果要让翻滚动作展现得更完美,应该采用什么样的身体姿势?等等,教师引导学生思考这些问题,并说出自己的答案,这样能够使学生的学习兴趣大大提高。

3. 注重合作学习

对学生来说,合作学习是激发灵感、增加学习收益、加深学习体验的有效学习方式。随着体育课程教学的不断发展,合作学习方式越来越受体育教师和学生的青睐。篮球、足球、排球等集体性体育项目及单人项目中的团体比赛都对参与者的合作意识、集体主义精神、协调能力等提出了较高的要求,而这些又是体育课程教学的主要内容,所以体育课程教学比其他课程教学更应该强调合作学习的重要性。需要说明的是,合作学习不等于分组学习,将学生划分成若干学习小组的方式是可以培养学生的沟通合作能力,但这并不是合作学习的全部,只是其中的一种形式而已,除此之外,组建学生队伍参加比赛也是锻炼学生合作学习能力的一种重要形式与途径。

互惠式教学是莫斯顿教学风格理论中的一个重要教学风格,将该教学风格渗透到体育课程教学中,就应该强调学生之间的互相学习与评价,这也是培养学生合作学习能力的重要手段。具体操作方式是,体育教师划分学生小组,一组学生练习所学动作,另一组学生仔细观察并予以反馈,在练习组学生完成练习后,观察组学生进行评价,然后观察组学生再练习,之前的练习组成为观察组,角色互换继续进行,观察者在观察的过程中也能学习他们的长处,发现自己的不足,这充分体现了互惠式的教学风格。需要注意的是,在整个练习与观察的过程中,如果练习组学生的动作存在不规范或错误等问题,体育教师要反馈给观察者,观察者发现确实存在问题后再向练习者反馈,教师应注意不要向练习者直接反馈,否则会影响合作学习的顺利进行。

自主学习法、合作学习法、探究学习法各有自己的特征与优势,各有自己的适用范围,同时它们也都有一定的不足之处,所以在实施这些教学方法时,需要把握好以下几个注意事项。

第一,没有哪种教学方法是最好的,只能说在特定教学条件下某些教学方法是最适宜的,具体要从学生身心特征、个性差异、发展需求等方面出发来选用恰当的方法进行教学。

第二,体育课程教学方法丰富多样,在体育课堂上采用多样化的学习方法更容易提高学生的学习兴趣,只用某一种教学方法会让学生产生枯燥感。

第三,体育教师要合理应用新型体育教学方法,不要流于表面,杜绝搞形式化,为了创新而创新,这样没有实际意义,也会得不偿失。

第四,现代体育课程教学提倡采用新型教学方法,并非要将传统教学方法摒弃,对于一些有难度的教学内容,传统的接受式教学方法显然比新型教学方法更有优势,所以我们要有选择地筛选传统教学法,将传统教学方法与现代教学方法有机结合起来优化运用,这方面可参考图3-1的优化整合模式。

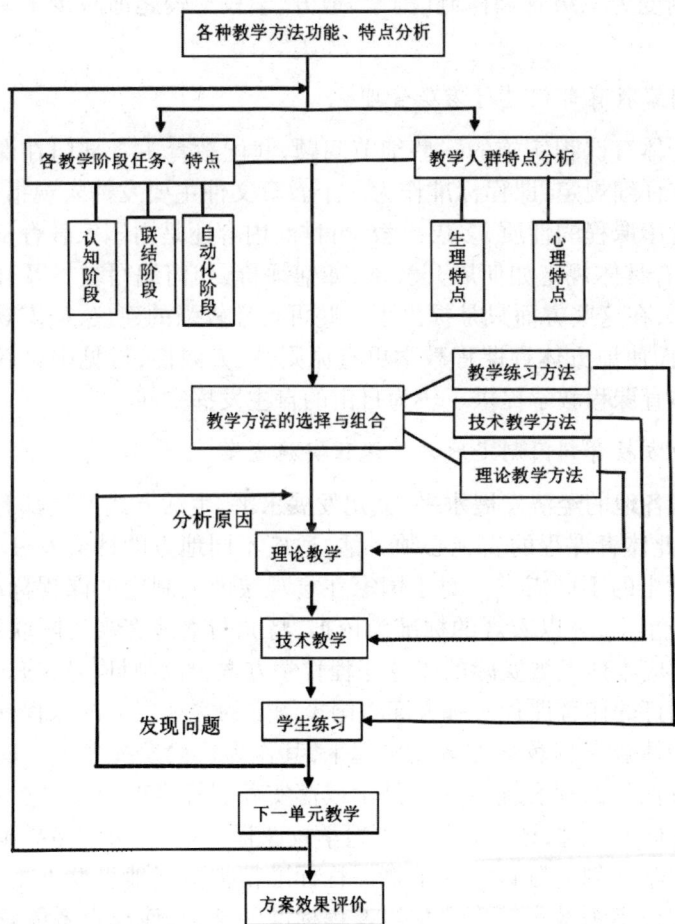

图 3-1

总之,任何学习方法的选择和应用,均应以学生学习需要、适合学生的学习为出发点,无论新方法还是旧方法,适合的才是最好的。

(五)课程管理的特征

一直以来,关于课程改革与发展的探讨中,有一个常见的问题,也是探讨的一个焦点,即课程的分权和集中统一管理。新中国成立后,我国对前苏联的课程管理模式——统一集中管理进行了借鉴。之所以要借鉴这一模式,是出于对当时我国教育现状考虑的,这一模式也确实帮助我们解决了很多教育上的问题。但随着学校教育教学的深入改革,教育者越来越清楚地看到了统一集中管理模式的弊端,因而对该模式进行了改革,随着体育课程教学与管理模式也有了变化,具体表现为由国家统一集中管理的体制变为三级管理体制(国家、地方、学校),较之前减少了一些硬性规定。

1. 国家教育部门进行宏观管理

关于体育课程实施的一些细节问题,我国教育主管部门在课程标准中不再作详细规定,课程标准作为一个教育文件主要发挥宏观指导作用。体育与健康课程的性质、多层次教学目标、内容还是由国家教育部门规定的,但没有具体规定如何展开教学、如何评价、如何编写教材及开发利用教学资源,在这些方面只是提出了一些可行性较强的建议,从宏观上给予指引,从而使地方体育课程教学更有原则性、方向性,可见国家教育部门为地方体育课程教学提供了较为自由的自主发挥空间。

2. 地方教育部门制定地方性课程实施方案

我国各地的经济发展水平、文化发展水平、生活方式习惯都有一定的差异,因此体育课程的实施必须灵活,适应不同地方的社会发展水平,满足各地学生的不同需求。对于国家在宏观层面上制定的课程标准,各地都要积极落实,并以宏观的标准为依据,将此与本地客观实际联系起来,从而对适应本地发展实际的体育课程教学方案予以制订与实施。地方教育部门制订的体育课程实施方案将国家制定的宏观层面的课程标准与学校制订的体育课程教学方案连接起来,其作为桥梁发挥着重要的中介作用。地方性的课程实施方案也是学校落实课程标准的保证,它不仅传达国家课程标准精神,还监督管理本地学校课程实施,并科学指导本地各校对体育教学计划的制订。为了将课程标准精神更好地贯彻下去,各地教育部门积极组织教育工作者学习课程标准的精神,使教育者能够将课程标准与本地教学条件结合起来着手学校体育课程教学的具体实施工作。

3.学校制订本校体育课程实施计划

我国实现三级课程管理体制以来,不管是体育课程内容的选择、体育课程教学时数的安排,还是体育课程评价方法的实施,最终的决策者都是学校。学校在对本校体育课程实施计划进行设计时,要对本校学生的健康需要、学校的教学环境与条件、师资队伍的实力等因素予以综合考虑,学校体育课程实施计划应包括以下内容。

(1)体育课程实施的目标,包括本校不同年级的不同水平目标和具体学习目标。

(2)体育课程实施的策略。

(3)体育课程教学内容。

(4)不同教学内容的课时安排。

(5)体育课程教学方法的运用。

(6)体育课程实施效果的评价,包括学生体质健康评价、体育知识水平评价、体育技能水平评价等。

学校制订本校体育课程实施计划要与本校实际相结合,计划内容要包括以上内容,学校体育工作者要完成课程实施计划的制订任务还是有一些挑战的,因为很多体育教师都习惯按照上级制定的体育教学大纲安排教学工作,在教学安排上有一套固定的习以为常的模式,而现在要对课程内容、教学方法、评价方式及教学时数进行自主选择与安排,并且还要以本校学生的实际情况和本校教学条件为依据来进行,这是有一定难度的。体育教师要将自身的主观能动性充分发挥出来,敢于打破固有教学模式,勇于探索新的教学方案,如此才能做好体育课程实施工作,取得良好的实施效果。对此,国家和地方都很重视培训体育教师,使其能够在国家课程标准和地方课程实施方案的指导下有目的地完成学校体育课程实施计划的制订工作,并按计划有序开展体育课程教学工作,最终实现体育课程教学目标。

第二节　体育课程设置的基础与现状

一、体育课程设置的基础

体育课程的设置需要对很多因素予以考虑,这些因素便是体育课程设置的基础,其中有两个非常重要的因素,分别是体育教学系统与学生身心发展特点,下面重点分析这两个因素。

(一)体育教学系统基础

体育教学系统隶属于教育这个大系统,它是由体育教师、学生、体育教学内容、体育教学媒体等要素构成的。体育教学系统的特性是体育课程设置需要考虑的主要因素。

体育教学系统以人的集合为主,也包含信息和媒体的复杂系统。体育教学系统既有复杂系统的共同特性,又有体育教学活动自身的特性。具体来说,体育教学系统有以下几个特征。

1. 目的性

体育与健康课程目标是体育教学系统的目标,这就是体育教学系统目的性特征的主要体现。具体而言,建立体育教学系统是为了把系统的体育与健康的科学文化知识传播给学生,它对学生掌握锻炼身体的方法非常有利,也对学生身体、心理的全面发展起到重要的促进作用。它有利于使体育教学目的更明确,能够使体育教学系统的有序性不断提高,使进入体育教学系统的各要素具有共同的运动方向,从而促进体育教学系统实现既定功能。

2. 整体性

体育教学系统是由许多要素共同组成的,这些构成要素不是简单的集合,也不是孤立存在的,而是紧密联系在一起,其目的是促进体育系统的基本功能的实现。

体育教师、学生、教学内容、教学媒体和教学方法是体育教学系统的五大构成要素,也是体育教学系统整体性的主要组成。

(1)体育教师。传授体育知识技能和锻炼方法、组织教学活动是体育教师的主要任务,如果离开了教师,学生的学习便没有了引导。

(2)学生。学生要素也十分重要,一旦离开了学生,体育教师特定的施教对象也就没有了,体育教师就成了一般的传播者。

(3)体育教学内容、教学媒体和教学方法。在体育教学中,体育教学内容是教师教和学生学的客观依据,教学内容的传播要以某些体育教学方法和体育教学媒体为手段,其中,教学方法和教学媒体也是相辅相成、相互关联的。

体育教学系统本身的质的规定性的保持正是由于五大要素的有机关联。各个组成部分都不具有体育教学系统具有的整体水平的功能,所以说,体育教学系统具有整体性特征。

3. 动态性

体育教学系统的动态特征主要体现在体育教学系统的成长性,具体从两方面反映出来。一方面,体育教学系统的相对稳定性的维持需要通过一系列的计划、条例、原则的制定来保证;另一方面,又要以环境的变化为根据对新的体育教学思想、体育教学方法、体育教学模式和体育教学媒体进行创造。只有不断创新才能使体育教学系统的构成要素表现出动态的平衡,才能使体育教学系统在渐变中持续发展。

4. 反馈性

自我调节是维持体育教学系统平衡和稳定,保证其正常运转的需要。所谓的反馈是指从系统的环境中所收集到的有关系统产物的信息,尤其是那些与产品的优缺点有关的信息或者由系统产生的错误所导致的信息。通过反馈这一环节,系统能够保持相对稳定的状态。

5. 开放性

体育教学系统自我维持的实现同时离不开与外界环境不断交换能量和信息。体育教学系统的运行受社会政治、经济、科技、文化、教育等因素的约束或影响,同时体育教学系统又会对这些社会因素产生作用,而且体育与健康课程又与全面健身、竞技体育有着密不可分的关系。所以,作为一个开放性系统,体育教学具有开放性特征。

(二)学生身心发展基础

1. 学生生长发育的规律

身体练习是体育教学的主要手段与方法,促进学生身体健康、增强学生体能是体育教学的核心,促进学生全面发展是体育教学的目的。体育课程设置就是为了最大限度挖掘体育教学在促进学生生长发育、提高学生身体机能、增强学生体能等方面的功能。因此,应充分了解青少年学生的生长发育规律、有机体的机能特征以及不同年龄阶段学生的身体素质特点,从而为设计具体的体育课程实施方案提供基础和条件。

青少年的生理特点对体育课程设置有着重要影响,主要表现如下。

(1)在制定体育教学目标、选择体育教学策略和安排体育教学的过程中,遵循学生的生理发展特点,有助于设置适宜的体育教学目标、有效的体育教学策略,同时有利于选择丰富多彩的体育教学内容。

(2)在分析学生的学习需要和具体特征时,尊重学生的生理发展特点,有利于准确把握体育教学中存在的问题。

（3）在分析、确定或创编体育教材内容时,考虑青少年的生理发展特点,可以使所选的体育教材内容在体育教学中的载体作用充分发挥出来,为完成体育教学目标和任务提供条件。

总之,在进行体育课程设置时,只有遵循学生的生长发育规律,重视各种规律对体育教学的积极影响和制约,才能设计出真正体现新体育课程观念、新体育课程目标和任务的体育课程方案。

2. 学生身体机能的适应规律

人体各器官系统的活动在正常情况下是相互协调、相互制约的,处于相对平衡的状态。适应就是使有机体内外环境不断取得平衡的过程。这种相对平衡的状态是人体生命存在和人体机能正常活动的必要条件,人体机能适应性规律。身体机能适应规律不但能有效地增强体能,而且能促使有机体的运动系统、神经系统、心血管系统、呼吸系统和能量代谢系统等的机能水平向着有助于健康的方向发展。

遵循人体机能的适应规律是体育教学目的实现的前提。在体育课程教学中,学习者以体育活动和锻炼为手段,有机体进行着生物改造,从而能够增强体能、增进健康。学生的身体机能适应规律对体育课程设置的影响主要表现在以下几方面。

（1）在进行体育课程设置时,对学生的身体机能适应规律进行准确把握,有利于提高课程设置的科学性和有效性。

（2）在设置具体的体育课程模式、教学方法和教学手段时,为使学生体能和活动能力得到增强,健康水平和体育动作技能水平得到提高,需要遵循学生的身体机能适应规律,这样能够使我们更加科学地选择教学模式与方法手段。

3. 学生心理发展的特点

学生的心理发展特点对他们的体育学习有很大的影响,因此学生的心理发展特点也是进行体育课程设置时需要考虑的一个重要因素。

学生的心理发展特点对体育课程设置的影响主要体现在以下几方面。

（1）只有了解学生的心理发展特点,才有可能制定具体的、可操作性强的体育教学目标,也才能为体育教学活动的开展提供准确方向。

（2）只有充分掌握学生心理发展的特点,才能使选择或创编的体育教材内容与学生心理特点相符合,才能激发学生对体育学习的兴趣,才能调动学生的学习积极性和主动性。

（3）只有准确分析学生心理发展的特点,才能科学设置体育教学模式、方法和手段,从而保障体育教学目标的实现,才能为体育教学的全面实施提供完整的、具体的思路。

（4）只有清楚把握学生的心理发展特点,才能准确分析学生的学习需求和特点,保证准确确定学生的起始状态,为后续体育教学活动的安排提供依据。

总之,在体育课程设置的过程中,需要充分考虑学生的心理发展特点和规律,这是提高体育教学方案设计质量的基础。

4. 学生运动技能的形成规律

运动技能是一种习得的能力,是一种精确、流畅和娴熟的身体运动能力,这种能力的获得需要按一定的技术要求,采取练习的手段。运动技能的形成过程是由简单到复杂的,一般来说可分为泛化阶段、分化阶段、巩固阶段和自动化阶段。

运动技能教学是体育课程教学的核心。在体育课程设置中,运动技能的形成规律发挥重要的作用,主要体现在体育教学目标的制定、体育教学策略的选择以及体育教学过程的组织和实施等方面。只有严格遵循运动技能的形成规律,才能制定准确的学习目标,设置出实用性好、针对性强的体育教学方法和手段,才能实施好体育教学过程。

二、体育课程设置的现状

下面重点分析我国高校体育课程设置的现状。

(一)体育课程设置的问题

1. 课程形式复杂且不规范

当前,我国高校开设的体育课程形式较多,比较复杂,而且关于各种体育课程的叫法也有很多,常见的有体育理论课、体育实践课、体育技术课、体育必修课、体育选修课、体育选项课、体育必修选项课、体育必修项目课、体育与健康课、体育公共选修课、体育测评课、体育俱乐部课等。从这些五花八门的课程叫法来看,高校设置了比较丰富的体育课程,大部分学生的体育学习需要能够得到满足,学校在体育课程教学方面形成了自己的特色,并具有可观的优势。但有关学者在实地考察后发现,学生面对学校开设的各种体育课程,大脑一片空白,在选择上有些困惑,甚至体育教师都不知道怎么会有这么多的课程名称。可见,高校设置体育课程缺乏严谨性,没有经过深思熟虑,导致课程实施中存在杂乱无序、过于随意等问题。

2. 课程设置缺乏合理性,制约了体育课程"育人"功能的发挥

当前,我国普通高校基本都是只针对大一、大二年级的学生开设体育课程,没有针对大三、大四学生和研究生开设体育课,大三和大四学生虽然不上体育课,但要参加体质测试,而研究生不上体育课也不在体质测试对象的范围内。这导致高年级学生和研究生体质较差,也影响了大学生终身体育意识的形成与终身体育锻炼习惯的养成。

3. 体育必修课的功能被弱化

在三级课程管理体制下,高校体育课程设置拥有一定的自主性,因此高校普遍设置体育选修课,并力图建设具有本校特色和体现本校体育传统的选修课程,甚至体育选修课的风头盖过了必修课,一些学生出于跟风心理,纷纷选择学校开设的特色选修课,忽视了体育必修课上的学习,最终影响了体育课程教学的顺利开展,影响了体育必修课的教学效果。此外,高校设置体育选修课还存在严重的形式化问题,学生的特殊需求无法从选修课上体现出来,学生出于兴趣选课,却最终也达不到预期的效果。

(二)关于造成体育课程设置现状的原因分析

1. 不清楚课程设置形式

对体育课程设置形式不清楚是导致体育课程设置混乱的一个主要原因。一般来说,高校体育课程的设置主要采用两种形式,一种是必修课形式,还有一种是选修课形式。

高校按照统一规定要求所有在校大学生都必须学习的科目就是必修课。普通高校针对大一、大二年级的学生开设体育必修课是有关条例的统一规定。高校可以从本校教学实际出发以合适的形式开设体育必修课,常见的必修课开设形式有两种。第一,体育必修项目课,如田径课、游泳课、篮球课、健美操课等,必修项目课是高校要求所有在校学生必须学习的课程。第二,体育必修选项课,课程内容由高校从本校教学情况出发而选定,高校要求学生必须从这些选定的项目中任意选择一个运动项目来学习,学生选择哪个项目要从自身情况出发尤其是从自身学习需要出发去考虑。高校根据自身的实际情况灵活设置体育必修课是可行的。

选修课是高校允许学生选择学习的科目,具体以学生的不同特点、学习需求为依据而设置。一般来说,体育选修课针对大三、大四年级的学生和研究生开设。但目前来看,针对全校各年级大学生开设体育选修课的情况很多见,而且体育选修课的开设形式也有很多,如校内外体育选修课、课内外体育选修课等,学生选择这些选修课程有一定的自主性,不修学也可以,但毕业时选修课学分数要达到要求。

2. 没有明确体育教材内容的性质和体育教学目标

高校体育课程设置混乱还与不熟悉体育教材性质及教学目标有关。体育课的分类方式有很多,以体育教材内容性质和体育课程目标为依据,可以将体育课分为两种类型,一种是理论课,还有一种是实践课。

以体育与健康基础理论知识为主要教学内容的课程就是体育理论课,体育健康教育课主要就是向学生传授这方面的内容。体育理论课的教学主要在教室开展,体育教师采用的教学方式主要是语言讲解,理论课教学依据体育课程教学计划而实施,使学生对体育与健康基本理论知识进行系统掌握。高校可以根据季节变化、学校传统及学校大型体育活动的开展需要而灵活安排体育理论课的教学内容,除此之外,体育课程教学目标、学生身心特点及学习需求也是学校安排这类教学内容的主要依据。一般来说,体育理论课的学时占体育课程总学时的 5% ~ 10%。体育理论课的开设要与学校实际密切联系起来,要发挥对体育实践课的指导作用。现阶段,体育理论课在高校的开设有两种情况,一种是面向所有学生独立开设体育公共选修课,另一种是从体育必修课中安排一定课时的理论课。

体育实践课主要在体育场馆进行,以身体活动为主要内容,实践课的具体形式有体质测试课、运动技能学练课等。在体育实践课上,体育教师多采用直观教学法,语言教学法作为辅助教学方法也运用较多,学生的练习法也有多种形式,如个人练习、小组练习、比赛练习等,灵活运用丰富多样的教学方法与学习方法有助于学生将运动技能快速掌握并能熟练展示出来,同时也有助于培养学生的运动兴趣,提高学生的学习积极性,增强学生体质。体育实践课上,要特别注意学生的安全,所以体育教师要对运动负荷合理安排,在学生练习时多观察与督导,及时指出他们的错误和危险行为,这样既能提高学生的身体机能水平,增强学生的身体素质,又能保障学生的安全。体育实践课中要特别注意安排好基本部分的教学,做到合理组织教学方法,科学控制运动负荷和练习密度,有效分配教与练的时间,从而提高课堂教学效率。

高校要对体育教材性质及体育教学目标有清晰的认识,并能将此作为划分体育课的重要依据而开设体育理论课和体育实践课,这样能够有效避免在课程设置中出现混乱现象。

3.没有透彻解读相关文件

高校体育课程设置不是随意的,而是有据可依,课程目标、内容、教学环境、教学方法等因素都会影响体育课型的安排。《中共中央国务院关于深化教育改革全面推进素质教育的决定》《学校体育工作条例》以及《全国普通高等学校体育课程教学指导纲要》都有涉及课程设置的规定,如果不能对这些文件内容进行透彻性的解读,则很容易出现课程设置混乱的问题。

总之,高校在体育课程设置中要理清思路,有理有据,分类设置,做好资源整合、课程分配、课程规划以及明确教学内容等工作。

第三节　体育课程教学的现状与问题分析

一、体育课程教学的现状分析

随着素质教育理念的深入渗透,体育课程改革也迎来了新的改革局面,体育课程体系中的课程理念、课程内容、教学方法等要素都发生了一定程度的变革,体育课程教学较之前有了明显的进步与改善,如树立了健康第一的指导思想、更新了教学理念、教学方式更加新颖和多元、课程评价更加全面、课程管理更加灵活,等等,这从本章第一节所分析的体育课程教学发展呈现的新特征中就能体现出来,这里不再赘述。

二、体育课程教学存在的问题

体育课程教学虽然取得了一定的改革成就,但还是存在一些显而易见的问题,下面简要说明。

(一)教学理念的问题

部分体育教师的教学理念更新不及时,重技能培养而轻综合素质的培养,学生缺乏自主学习的空间,体育核心素养整体不高。

(二)教学设施的问题

高校的体育教学设施数量在不断增加,学生的需求也能得到一定的满足,但很多高校不注重维护场地设施,陈旧器材更换不及时,影响了体育课程教学效果。

（三）教学模式的问题

单一的体育教学模式对学生的发展空间造成了制约,忽视了对学生创新能力、探索能力等素质的培养,而且忽视了学生的个体差异,整齐划一的教学模式制约了体育课程教学的创新。

（四）教学评价的问题

体育课程教学评价的问题主要在于评价方法单一,评价指标片面,评价的功能得不到充分发挥,评价后没有明显改善教学中的一些问题。

第四章 创新教育理念下的体育课程建设研究

体育课程建设是打造优质体育课程的关键步骤。现如今,随着社会各领域的发展对全面型人才的需求,使得对学校体育课程的质量要求愈发提高,而这种提高只有在新的教育理念下才能切实获得成果,才能使得体育课程的建设更有针对性和长远意义。为此,本章就对体育课程建设的相关内容进行研究。

第一节 创新教育理念下体育课程目标建设

一、学校体育课程目标的生成来源

对于确定体育教学目标来说,就不能不考虑到多种目标生成来源,它决定的是体育课程目标的价值。

通过分析和研究可知,学校体育课程目标的生成来源主要有学生成长的直接需求、体育课程范式的内在要求以及社会发展的实际需要。当然这只是众多生成来源中的三个最主要的来源,此外还有一些其他来源,并且不同教育观也对这三个来源的关系有不同的理解与认识。"[①] 下面就对这三种体育教学目标生成来源进行逐一分析。

(一)学生成长的直接需求

教育是一种针对个人或群体的有目的、有计划的培养提升活动。接受教育的人是教育活动的着眼点,因此,不论教育的等级、内容、目的为何,其核心意义都是在于满足人的生存与社会发展需要。就此来看,学校体育课程的目标也就是为了满足学生的自身发展需求。

通过对学生需要进行仔细分析,发现其具有一定的复杂性,其主要表

---

① 张华.课程与教学论 [M].上海:上海教育出版社,2003.

现为学生的需要是不断产生的,并且在产生后会逐渐发展和变化。每个人的学习需求都是不同的,需求也会随着学生年龄的增长而呈现出变化,可以时间作为依据来划分,即有当前需求的满足以及有对未来长远需求的满足等。绝大多数学习者都能清楚自己想要的是什么,但也有一些学习者不清楚自己要什么,这部分人的学习需要依赖他人的引导和鼓励,以唤起他们自身对学习行为的重视。学习除了要满足实际的知识与能力的要求,还要从内在提升价值观与良好的意志品质。

著名学者泰勒就分析了学生对学习的几种需求。

(1)个人的健康需求。

(2)构建良好的社会关系需求。

(3)构建良好的公民关系需求。

(4)生活需求。

(5)娱乐需求。

(6)职业需求。

马斯洛经典的需要层次理论也能为学习者的学习需求带来了令人信服的解释。马斯洛的需要层次理论将人的需求分为了生理需要、安全需要、归属和爱的需要、自尊的需要、自我实现的需要等多个层次。就一般的学生而言,他们所具有的需要主要为获取知识和增强能力的需要、自尊的需要、爱和归属的需要等"[①]。

如此看来,如果说制定学校体育课程目标的目的是满足所有学生的学习需要,那显然是不太现实的事情。而只有抓住其中的关键问题,满足学生主要的学习需求,并辅以一些针对性较强的目标安排,基本就能满足绝大多数学生的学习需求。为此,学校体育课程目标的确定应注意考虑到如下几方面。

(1)注重学生学习的时间节点。

(2)注重学生学习的内容。

(3)注重学生学习的个体差异。

(二)体育课程范式的内在要求

对学校体育课程目标形成制约的基本来源是体育课程,这也是"原生性来源"。根据现代课程论的相关观点可知,知识的功能具有两个方面,一方面的功能是专门化的研究领域所必备的一种属性,这也是学生自身所具有的特殊功能;另一方面的功能是将学科领域作为一种工具,以促

[①]　赖黎明.马斯洛动机理论与学习动机的研究[J].教学研究,2003.

使个人生活的需要和社会的需要都能够得到满足的功能,这也是学科所具有的一般功能。前者指向学科知识本身的创新与建构,学科本身规律的探讨被放在首位;后者指向学科知识的运用,学科在课程体系中更多体现的是它的工具价值。[①]

大量的研究与实践表明,在对体育课程目标进行制定时,人们通常对学科的特殊功能进行着重强调,对本学科在学生智育、美育、德育中的优势进行论证,并将课程目标定位为将每一个学生培养成体育领域的专家,却对学科的一般功能予以忽视,由此忽视大部分人在社会生活中对该门学科知识的需要。

学校教育将体育纳入到人的课程体系之中,并不是对体育方面的专门人才进行培养,这是显而易见的。作为一门普通课程,学校体育进入到这一课程体系,它主要是为了是个人的生活需要以及社会需要得到更好的满足,其中也包含了使学生职业生活的需要得到满足。

因此,课程目标根据体育学科的功能进行确定,应尽可能地避免课程目标对学科特殊功能过于重视,而对其一般功能进行忽视的倾向。同时,也要避免另外一种倾向:对学科的一般功能过于重视,而对学科本身内在的逻辑和规律以及体育知识所承载的价值予以忽视。体育学科主要的规律就是在室外对学生开展运动教育和身体教育,强调掌握运动技术,增强体能并养成良好的态度行为;体育学科最为基本的手段就是学习运动技能、练习体能和参与运动的行为。在对体育课程目标进行制定时,必须要同体育学科的基本规律相符合。

（三）社会发展的实际需要

社会的需要是指社会政治、经济、科技文化的发展对学校体育提出的要求。学校体育要同智育和德育紧密配合,对全面发展的建设者和接班人加以更好的培养。学校体育目标得以确立的基本依据就是要培养有理想、有道德、有文化、有纪律、体魄健壮的社会主义一代新人。

在学校体育教学中,学校体育教育的主要任务之一就是要促进学生的社会化发展。社会发展的需要主要是从个人发展的具体需求方面得以体现出来。使学生的需要得到满足,在某种程度上促使学生的发展同满足社会发展的需要相一致。个人发展与社会发展有一致、统一的一面。显然,社会得以良好的发展能够更好地促进大多数人的个人发展,社会如

[①] 曾永忠.高职体育课程体系改革与构建研究[M].武汉:华中师范大学出版社,2009.

果发展不好,那么就会对大多数人的个人发展形成束缚;反之,绝大多数人的良好发展对社会的发展也能够起到积极作用,绝大多数人如果得不到良好的发展就会对社会的发展造成阻碍。因此,在现实生活中,个人良好的发展其最终重要的标志就是这种发展是否对社会的发展产生积极作用。另一方面,绝大多数人得以良好发展是社会良好发展的一个重要标志。

二、学校体育课程教学目标体系的构建

(一)体育课程教学目标要根据社会对学生的体育要求进行构建

在现代学校体育教学中,要不断满足学生的需要,在体育课程深化改革方面这一思想起到了非常重要的指导意义。这主要是因为需要能够产生动机,而动机会对行为进行引导。如果不能满足学生的需要,体育就会失去生命力,学生的体育学习和体育锻炼的动机也就很难得到激发。教学目标的制定必需要将学生个体的需要同国家和社会的体育要求协调、统一起来,不能因为学生个体的需要而对国家和社会对学生的体育要求予以排斥,要更好地避免将社会和国家对学生的体育要求作为"计划经济的产物",这也是"学生个性压抑"的严重偏颇。对学生个体需要进行片面的强调也是不现实、不可取的。在体育学习中,学生虽然是主体,但学生是正处在发展之中的不成熟的主体,对于自己的体育需要,他们并不一定能够有一个深刻、全面的认识,并不一定能把现实的体育需要与长远的体育需要、个体的体育需要同国家与社会的体育需要进行统一起来。

学生的体育需要主要是通过对学习和锻炼内容的选择方面来反映出来。在选择体育学习和体育锻炼内容方面,大都是从个人兴趣出发,通常都是喜欢选择一些轻松的、好玩的体育内容,而对于田径、体操等能够对身心发展起到很好促进作用与达到课程目标的体育内容没那么喜欢。所以,不能对学生的个体需要进行片面的强调,而对国家和社会的体育要求予以忽视。这就要求我们要站在育人的高度,通过对体育课程教学目标进行科学合理的安排,正确培养学生的体育学习动机,加强对学生体育价值观的教育,同时对教学方法进行积极努力的改革,这样才能够更好地激发学生体育学习与体育锻炼的兴趣,这也是学校体育课程教学目标的核心及体育教学的职责所在。

（二）强调学生对快乐情感的体验

现代教育理念非常关注学生对学习这种行为的良好情感,认为学生的学习行为应该能让他们感到快乐和成功,然后才能因为快乐情感的获得催生出更大的学习动机和需求。为此,对学生在学习中的快乐情感的获得就应该予以重视。体育教学相比于其他学科的教学,在学生的欢乐情感体验的获得上有着与生俱来的优势,这也是促使体育课程目标和价值得以实现的有效保证。但与此同时也要强调,尽管应将更多的欢乐元素加入到体育教学之中,但体育教学作为一项系统的学科教育,决不能为了欢乐而将其等同于任凭学生随意玩乐。

如此来说,学生在教学中所获得的快乐情感应该来自学习活动本身,而对于体育教学来说,它能带给学生的这种情感只是众多学习活动的一部分。而如果说要对学生的情感予以丰富,那只有快乐的情感显然是非常单一的。即便是在体育教学中,单纯的快乐也是不存在的,它往往是与其他情感融合在一起的,快乐只是众多情感中的一种,如果学生能从体育学习中获得快乐,将是非常理想的情感体验。[①] 为此,体育教学目标的设定务必要将这一情感内涵体现出来。

（三）强调体育能力的培养

在过往的体育教学中,不论是教学的目标还是内容都更加侧重于对学生进行某项运动技能的培养,而对于对学生一生更能产生深远影响的综合体育能力的培养则非常欠缺。例如,在体育教学的内容中见到的多是某项运动的技术战术等内容,而涉及如何科学进行体育运动,以及体育与健康等方面的教学内容则非常有限。就连决定学生体育学习方向的体育教学目标中也现有对综合体育能力的目标设定。因而,在对体育课程进行的深化改革中,就需要特别强调对学生科学健身能力的培养。然而需要注意的是,在这方面的目标制定不能走向两个极端,即对学生的全面体育能力的培养与运动技能的培养两者之间并不矛盾。为了避免这种情况,在体育教学实践中应避免如下两种行为。

（1）大大增加体育与健康类理论的教学内容,一改体育教学理念为健康教育理念,使体育教学的实践性弱化。

---

① 孙慧 . 学校体育课程教学目标体系的构建 [J]. 武汉体育学院学报,2005（10）.

（2）过多给予学生体育教学的自主权力，如对于体育学习的目标、内容和学习方式都让学生自己来选择，如此会让体育教学的科学性和严谨性大打折扣。

为了将体育教学目标制定得科学合理，应重视三点改变，即由指导学生学会向指导学生会学转变；由注重技能指导向注重能力指导转变；由重视技能学习到重视情感态度转变。只有做到如此，所指定的体育教学目标才能说是科学合理的、意义深远的，如此既能让学生掌握足够的运动技能，还能让其懂得如何科学健身和享受运动带给人的良好体验。

事实上，运动技能与体育能力两者是不能分割的，两者联系紧密，互为依托。没有良好的运动技能，其体育能力的发挥就没有抓手，那么体育能力也就不复存在。若没有良好的体育能力，即便掌握了较好的运动技能，也不能科学利用，实现较为长远的锻炼目标。因此，在这种情况下，对学生进行终身体育教育，培养学生体育锻炼的意识、技能与习惯就成为了体育课程目标中最为关键的要素。而这也是《全民健身计划纲要》中对学校体育课程提出的要求。[①] 不仅如此，在《体育与健康课程标准》中也对相关理念给予了特别说明，即认为体育知识技能是课程学习的主要内容。[②] 对体育能力的培养必定要与运动技能的传授紧密结合，如此也就要求在体育课程教学目标的制定中不能将对体育能力的培养过于简单化、空洞化和笼统化。

（四）强调学生的个体差异

新型教育理念非常关注学生在教学活动中主体地位的体现，认为每个学生都有自己自身的情况，只有在承认个体差异的基础上进行教学，才能切实让每名学生受益。为了做到这点，新教学理念在学生个体差异的重要意义从以下两个方面得以体现。一方面是体育课程教学目标的设定要满足学生的个体发展需要，另一方面是体育课程教学目标的设定要重视学生的个体差异，并对一些教学目标予以细化，如此使每名学生都更有可能从中受益。

学生由于诸多原因的影响，总是表现出人与人之间的个体差异，甚至某些差异还是巨大的，这是非常正常的情况，也永远会是客观存在的事物。为此，体育课程教学只有正视这一事物，对学生的个体差异给予关注，才能做到因材施教，才能使每一个学生通过学习来进一步提高自我。

---

① 孙慧. 学校体育课程教学目标体系的构建 [J]. 武汉体育学院学报,2005（10）.
② 同上.

在制定体育课程目标时,应将教育的过程与成果置于同等地位。而体育教学目标所追求的,则应是为社会培养优秀的全面型人才。

第二节 创新教育理念下体育课程内容建设

一、学校体育教学内容资源的开发

(一)体育课程教学内容资源开发与利用的原则

在学校体育教学中,开发与利用体育课程教学资源,需要坚持以下几项基本原则。

1.教育性原则

在体育教学内容资源的开发中,坚持教育性原则是非常重要的。体育课程在全面培养学生素质方面具有其他学科无法比拟的功能,体育课程在培养学生集体主义精神、团结合作意识、公平竞争理念、坚强意志等方面的独特作用更是其他课程所不可替代的。所以,对体育课程资源的开发与利用必须将资源的教育性功能凸显出来,充分发挥资源在全面培养人才方面的作用。

2.健康性原则

坚持健康性原则,即要看体育教学资源是否对学生健康发展有利。促进学生健康发展既是体育教学的基石,又是体育教学的终极目的,只有以身体练习为主要方式,规范教学,科学锻炼,才能促进学生健康发展。所以,必须挖掘健康的体育教学资源,挖掘对学生身心健康有利的,能够提高学生社会适应能力的教学资源。其中,是否有利于学生身体健康是根本衡量标准,体育教师在开发体育课程内容时要高度重视这一点。

3.兴趣性原则

"激发和保持学生的运动兴趣",这是体育新课程的一个重要理念。兴趣是学生学习的动机,是学生有效学习的基础保证,学生的学习行为和学习效果直接受学生对体育课兴趣的影响。所以,对体育课程资源进行开发与利用,要详细了解学生的身心特征、学习基础与运动能力,选择能够满足学生需求,符合学生个性的内容资源,在内容实施中,教师与学生要相互合作,增加互动,争取在轻松愉快、和谐的课堂气氛中完成课堂教学任务,达成课堂教学目标。

4.个性化原则

个性化原则指的是开发利用体育教学资源时要立足学校实际,将本地或本校体育资源的特色充分体现出来,使该体育教学资源成为本校独具特色的标志性资源。开发利用体育教学资源的活动是一项创造性活动,如果不突出资源的特点,开发利用活动也就没有了创造元素。目前,我国学校体育教学内容普板存在机械主义、形式主义等弊端,开发利用资源时不考虑本地本校的实际情况,一味追求统一,或直接借鉴其他学校的经验,丝毫没有呈现出民族特色、地方特色、专业特色,这样也难以发挥体育教学内容的功能与作用。因此,在今后的体育课程教学资源开发利用中,必须坚持个性化原则,强化地域特色,将学校的优势资源充分利用起来,形成本校的特色,从而树立学校品牌,提高学校的影响力。

5.可行性原则

开发与利用体育教学资源需要有一定的人力、物力、财力等基础资源作保障,要想在节约资源和节省精力的基础上达到最理想的开发利用效果,就必须坚持可行性原则。开发和利用体育教学资源必须依据学生主体的现实情况,依据不同阶段学生学习的特点来进行,全面考虑学生的需要,这样开发出来的体育教学资源才能得到有效的运用和实施。因此,要在教学决策的总框架之内对体育教学资源进行开发与利用,但要将开发利用的幅度掌握好,使体育教学资源的开发利用既有约束性,又有灵活性,并保持二者的平衡状态。

6.发展性原则

坚持发展性原则,促进学生的全面发展,就是指保证开发出来的教学内容资源能够有效培养学生的身体活动能力和体育实践能力,提高学生的运动技能和创新能力。

(二)学校体育教学内容资源开发的策略

1.挖掘体育教学中丰富的运动项目

（1）挖掘新兴体育资源

现如今,有越来越多的新兴体育项目涌现出来,其中有很多项目有利于学生身心素质的发展,非常适合纳入学校体育课程内容之中。

对于新兴体育项目资源的挖掘,可采用直接引入的方式,但对一些与我国学校体育教育实际情况相差较远的项目则可进行一些适应性简化或改造,然后再行推广。

(2)挖掘民族民间体育资源

我国是一个多民族国家,其中多数民族都有属于自己的民族传统体育项目。为此,学校体育教学内容资源的挖掘应将目光更多投放在丰富的民族民间传统体育项目上。如此无论是从数量上还是形式上,都是对体育教学内容资源的大力补充,且对这类教学内容资源无须做过多的本土化改造,只需要注意其成为体育教学内容后的可操作性即可,这也能为学校体育教学带来新的特色。

2.加强体育场地设施的开发与利用

新兴体育项目的引进势必会涉及对相关场地设施的建设与改造工作,这是一个必然的结果。在新型体育项目引入的要求下,配备适当的场地和设施是对运动教学活动顺利进行的基本保障,同时这也是确保引入的教学资源符合学生的身心特点。但在实际中,对现有场地的改造总会是首选,如此来拓展场地设施向纵深开发。另外,就教学内容所需的器材资源的开发来说,如果条件有限无法购买,则可考虑自主制作器材。

3.利用有价值的体育信息资源

现代社会是一个信息化的社会,信息化在任何领域中都有着巨大价值。注重信息化在体育课程中的作用,就是要求教师和学生要充分开发和运用各种信息化手段,完善相应的体育教学 APP、电脑软件、专题网站等,以此能通过多种终端随时传播体育信息。这无论是对教师的教,还是学生的学都是很有意义的事情,也大大提高了教学效率。而为了实现这一目标,就对体育教师的综合素质和信息化教学能力提出了更高要求。

二、学校体育教学内容体系的建设

(一)转变传统教学思想

当前,我国学生体质健康状况每况愈下。导致这一问题出现的原因众多,但归根到底,还是与学生及其家长对他们的体育课程学习不重视以及他们参与体育活动行为的不支持有关。改变这一现状的根本,就在于对与体育相关的传统思想的改变。现如今"生命在于运动"这句话可谓是人人所知,但真正能领悟到这句话的真谛并做到身体力行参与运动的人则少之又少。这句话足以说明了运动之于健康的重要意义。现代素质教育理念想打造是能够适应现代社会建设需求的全面型人才,体育教育作为素质教育中的代表,其应始终以落实"健康第一"的观念为先,以养成学生良好的运动习惯和终身体育意识为己任。如今更多的教育思想的结合也为体育教学内容体系的建设提供了更多选择和可能,并且有关体育的学习还应力争脱离学校而存在,将其延展到校外,这也促使学生在日后脱离学校后也能继续参与运动,终身受益。

（二）健身性和文化性的结合

体育教学与其他学科教学的最大不同点就是它具有显著的健身性特点,这是由体育教学具有的本体属性所决定的。文化是人类认知世界、适应世界和改造世界过程中逐渐形成的一种意识定向,体育本身也是以一种文化的形态示人的。既然体育具有文化性的特点,相应的,在体育教学中也能给予学生某些文化层面上的认知,这种文化上影响也会促使学生人格完整、性情良好。由此就决定了体育教学内容必定带有健身性和文化性,只有将这两中特点相结合,才能让学生在体育课程的学习中受益更多、深度更深。

（三）实践性与知识性的结合

实践性与知识性的结合是学校体育教学过程中不可缺少的。实践证明,学生在体育教学中可以获得身体上的锻炼,同时心理也会因为种种积极因素而感到快乐和放松,在轻松学习氛围中他们还掌握了更多的体育运动知识,这些都让他们对体育运动的兴趣大增。然而这种教学效果的实现必须注重教学内容的实践性与知识性的结合,两者缺一不可,比例也要得当。可以说,学校体育教学内容体系就是教学内容实践性与知识性的有机融合。为此,这需要体育教师不仅要有过硬的运动技能,还要掌握丰富的理论知识。此外,教学课堂与课外活动的组织能力也是必不可少的。

（四）继承性和发展性的结合

在当前我国学校体育教学内容的选择上,除了应选择较为主流的体育运动项目外,还应深入挖掘我国的民族传统体育项目。民族传统体育有着源远流长的历史,是中华文明的瑰宝,将这类运动项目引入到学校体育教学之中,可以让传统文化和宝贵文化遗产得以继承和获得良好的发展平台,使学生更加熟悉我国的民族传统体育文化,是弘扬民族文化和打造坚定的民族自信心的绝佳方式。

（五）民族性和开放性的结合

纵观世界许多国家的体育教学，都不难发现其不论是在开展方式上还是教学内容上，都会有很多与本国民族文化和习俗相关的地方。这些国家几乎都将这些运动纳入本国的体育教学内容当中，如日本的空手道、柔道，韩国的跆拳道，美国的篮球以及我国的传统武术。这些项目都极具民族体育特色。为此，我们一定要注意将民族性体育内容纳入到教学内容体系当中，充分发挥这些项目的健身、健身、教育等价值。

另外，体育教学内容的设置也要注意彰显开放性特征，即应敢于尝试将其他文化圈内的运动项目引入，并于本土体育相结合，两者充分借鉴，共同为学生的综合素质提升做出贡献，从而形成一个有机的、完善的教育教学内容体系。

（六）统一性与灵活性的结合

体育教学内容体系的建立要注意统一性与灵活性的结合。统一性的要求在于我国的学校体育教学面向的是全体在校学生，那么，针对这一特定群体开展的体育教学活动，自然在各方面的教学要素中都要有一个统一的标准，其中也包括教学内容的统一。不过这种所谓的统一并不是绝对化的"一刀切"，而是一种相对性的统一。之所以如此，是因为我国地域广阔，身处不同地区的学校情况差异较大，要想做到真正的体育教学内容统一并不现实。另外，作为教学对象的学生之间也有着或大或小的差异。种种这些差异就使得教学内容注定要有一些可变的、灵活的地方，以给教学实践留有余地。

（七）学生主体需要与社会相结合

现代教学理念认为，教学内容应更多贴近学生的生活和社会，以让学生学以致用，学有所用，这点对体育教学内容的建设也是同样适用的。学生的体育学习基础情况不同，决定了他们每人都有各自的体育学习需求。为此，为了满足学生的主体需要，体育教学内容的安排就要有一定的针对性，以使不同年龄阶段、不同运动水平和不同学习需求的学生都能感到满意。特别是这些内容要能有助于学生社会适应能力的提升，这是他们成为未来社会建设的有用人才的基础。因此，注重学生主体需要与社会相结合，不仅能满足学生主体发展的需要，也能满足社会对人才的需要。

第三节　创新教育理念下体育课程教学方法与模式建设

一、体育课程常用教学方法

（一）语言法

语言法是指在体育教学中,运用各种形式的语言,指导学生学习掌握学习内容,进行练习的方法。从教师的角度是传授性的教学方法,从学生的角度是接受性的学习方法。语言法的优点是能很轻易地同时向许多学生传递有关信息,正确运用语言法能启发学生的思维,形成正确的认知,促进学生运动技能的形成,培养学生分析问题与解决问题的能力;还能激发学生学习锻炼的积极性,活跃课堂气氛,融洽师生关系。

体育教学中语言法运用的具体方式有:讲解、口令与指示、口头评价、口头汇报、默念与自我暗示。

1. 讲解

讲解是教师给学生说明教学目标、动作(练习)名称、动作要领、动作方法、规则与要求等,指导学生进行运动技能学习,掌握运动技能的方法。在体育教学中,运用讲解法时应注意:

（1）明确讲解目的:教师的讲解不能是随意进行的,而是要根据教学目标和内容,以及学生的接纳方式等来对讲解的语言方法、语速、语气等做出选择,以此使讲解更加贴合学生的期待。

（2）讲解内容要正确:讲解的内容务必要准确和严谨。对于一些内容的讲解应在考虑学生已掌握的知识的基础上做一些倾向性的调整,以使学生更容易理解讲解内容。

（3）讲解要生动形象,精简扼要:体育教学中包含有众多需要详细讲解的内容,有些技战术动作较为复杂,因此特别需要教师有生动的讲解,这能更好地激发学生的学习兴趣,也有助于他们对内容的理解。另外,讲解应是简明扼要的,尽量以最简单、最直白的语言来讲授内容,这也是为了学生更好地理解内容。

（4）讲解要具有启发性:教师的讲解一方面应直观简明,以使学生对学习内容有深刻的理解,另一方面教师的讲解也要具有一定的启发性,以此鼓励学生思考,抓住运动技能的掌握规律,使学生能将看、听、想、练有机结合起来,这对体育教学质量的提升是可以起到事半功倍效果的。

（5）注意讲解的时机与效果：对教学内容的讲解要想取得好的效果还要注意讲解的时机。最佳的讲解时机应该是技能讲授时,或是发现学生的练习出现普遍性错误的时候。学生练习过程中不是理想的讲解时机,因为此时学生的注意力很难集中到教师的讲解上,并且此时过多的讲解也会让学生感到烦躁。

2. 口令与指示

口令是一种有顺序、有内容,并以命令的方式指导学生进行活动的方法。体育教学中经常包含一些队列队形、体操等内容,对这些教学内容的指导就需要使用口令。在给学生下达口令时应做到语言准确、时机恰当、声音洪亮、节奏适宜。

指示则是以简明的语言组织学生进行活动的方法,这是一种教学组织的常用方法,多应用于场地布置或器材整理上,另外还用于提示学生练习时的错误上。对于指示类语言的应用要做到用语准确、及时,多选择正面词语,谨慎使用负面词语。

3. 口头评价

口头评价是在符合教学标准的基础上对学生各项学习情况进行口头表述的方法。一般情况下,口头评价应多选择积极性用语,谨慎使用消极性用语。如有需要使用消极性用语时,也应注意掌握得当的度,其目的还是在于以这种方式激励学生。

4. 口头汇报

口头汇报学生将学习体验以语言的形式回答教师提出的问题的方法。在使用这种方法时,教师应对提出的问题反复考量,确保问题是有意义的,并且预期的回答在学生的能力范围之内。避免提出没有意义的问题,或是过难的问题。

5. 默念与自我暗示

默念是学生以在脑中以无声语言形式对整体或部分动作的过程、重点等属性进行复述和回想的行为。

自我暗示则是学生在接受了一些指令语言后以期进行自我调控练习的语言方式。例如,当学生在学习一项难度较大的动作时,可反复自我暗示"我没问题""我一定可以"等语言,以此获得潜意识正面上的心理帮助。

（二）直观法

直观法，是指在体育教学中借助学生的视觉、听觉、触觉、肌肉本体感觉器官来直接感知教师的演示或外力帮助，以实现教学目标的方法。在学校体育教学中常用的直观教学法有动作示范、教具与模型演示、视频播放、助力与阻力、定向与领先等。

1. 动作示范

动作示范，是以亲身演示动作的形式使学生对动作形象、结构和要领有更深了解的方法，其具有形象直观、针对性强等诸多特点。在动作示范法的使用过程中应注意做到以下几点。

（1）要有明确的目的：教师的示范要有目的，而不能是随意的。动作示范要根据教学的目标、内容以及学生的基本学情来选择示范的次数、速度以及示范与语言讲解的配合形式等。

（2）示范要正确：示范具有非常强的直观性，因此，示范务必要做到准确、娴熟，以显示出动作特点。在示范时经常会使用正反对比的方式，为此要做出错误动作来说明，以映衬出正确动作的特点。这种方式的示范要做到恰如其分，讲解到位，不要给学生留下错误动作的印象。

（3）正确选择示范位置与方向：示范要在正确的位置上进行，以使所有学生都能看到清晰的示范。一般情况下，教师在做示范时会安排学生站成一字队形、扇形队形或圆形队形，并且在多数时候为了照顾学生观看的视线，应选择让学生站队时背对阳光或背对迎风风向。

（4）示范与讲解有机结合：将适时的讲解与示范相配合是提升示范法教学效果的关键。通常有先讲解后示范、先示范后讲解、边讲解边示范等方式。

2. 教具与模型演示

在体育教学中始终教具与模型是非常常见的直观教学方法。在使用时要确定演示所要达到的教学目标，使用的教具要适当，演示要注意时机，并适时配合讲解和示范。

3. 视频播放

在现代信息技术和多媒体设备的加持下，视频播放已经成为非常理想的直观教学方法。在使用这种方法时，教师要针对所讲授的内容选择匹配的视频片段，同时还要掌握控制视频开始、暂停、AB 点重复、慢放等技术，并在合适的时机配合到位的讲解，如此才能获得最佳的教学效果。

4. 助力与阻力

助力与阻力,是指借助外力使学生更快建立起直观的本体感觉的方法。例如,在足球防守训练中,会给后卫线球员彼此之间系上有弹性的带子,如此训练整条后卫线成链式移动的习惯。

5. 定向与领先

定向,是指以相对静态的视觉标志为学生的学习做出直观性引导的方法。

领先,是指以相对动态的、越前的视觉标志为学生的学习做出直观性引导的方法。

在体育教学实践中,定向法与领先法的运用通常需要依据教学内容和学生的学情结合进行,设置的视觉标志也要符合技术要求与规律。

（三）完整法

完整法,是指从动作的开始到结束完整传授给学生的方法。这种教学方法通常在一些相对简单的动作或连贯性太强难以分解的动作教学中使用,其具有高效、直接的特点。在完整法的使用过程中应特别注意如下几点。

（1）直接运用:对一些技术难度不大或连贯性较强的动作的讲解与示范结束后,即可采用完整法进行练习。

（2）强调重点:尽管动作难度可能不大,但是动作连贯性较强,动作中仍旧有重点,这就需要要求学生在练习时对动作重点有所关注,甚至需要反复刻意练习。

（3）降低难度:对那些由于连贯性过强而难以分解的动作,在做完整练习时可适当减小难度。

（4）改变练习的外部条件:对那些由于连贯性过强而难以分解的动作,在做练习时可增加一些外部保护措施。

（四）分解法

分解法是将完整的动作以一定动作结构或规律进行分解后再行练习的方法。这种方法通常应用于一些技术结构较为复杂的动作学习上,如此可以将完整的、快速的动作进行分割,逐个讲解,以使学生的学习思路更为清晰。在分解法的使用过程中应特别注意如下几点。

（1）对动作的分解要以技术特点、规律为基础,如空间位置、时间顺序、时空结合等为方式进行。

（2）要确保将完整动作进行分解后，被分解出的各部分动作之间的衔接是存在有机联系的，这种分解一定不能是破坏一个完整动作节点的。

（3）应给予分解后的各部分动作以明确的作用定位，这是在为将练习好的部分的动作捏合成完整动作做准备。

（4）对动作的分解应是建立在完整动作概念基础上的，当学生在分解动作的练习中达到一定程度后，就应逐渐向完整动作过渡。

（五）预防与纠错法

预防与纠错法是对学生在学习过程中出现的错误采取预防性和实际性错误纠正的方法。教师以其多年的任教经验，对学生所学内容中哪些地方容易出现错误应是了如指掌的，对这类错误即可预先在教授中对学生予以提醒或采取某些措施来防范。若错误还是出现了，则要予以及时干预，指导学生修改，以防错误动作定型。就预防与纠正这两方面来说，预防显然是带有超前性的，然后据此在学生出现错误动作之前就采取措施将错误消除在萌生之前。纠正则面对的是已经发生了的错误，正确分析错误产生的原因，并及时采取干预予以纠正。

在实践中，预防与纠错法的使用主要有如下几种方式。

1. 强化概念法

通过将正确的与错误的动作进行比对，再结合教师的讲解和强调，以此促进学生对正确动作的表象有更深刻的印象，从而能注意避免错误动作。

2. 转移法

体育教学实践中经常会出现由于学生受旧运动技能影响而导致错误动作出现的情况。为此，可采取变换练习内容的方式予以解决。但是，所变换的内容与原内容之间是存在关联的，或者是带有诱导性和辅助性的练习，如此来帮助学生脱离原有动作所带来的影响。

3. 降低难度法

一些技术动作的原本规格总是具有难度的，这对于初学者的学习来说是有一定困难的。为此，在初始练习阶段可采用降低难度的方法进行教学，具体方法包括降低高度、降低速度、降低幅度、动作分解等，如此使学生在相对简单的条件下完成动作，以此尽快找到动作感觉。

4.信号提示法

当学生在练习中由于用力时间或空间方向不清楚而出现动作错误时,可以用听觉信号口头提示学生的发力时间、用力节奏等。此外,还可用各种点、线等标志来标明动作规格。

5.外力帮助法

当学生对动作的发力部位、发力方向、发力大小等要素的了解不清晰时,则可给予一定的推、托、拉等外力协助来克服错误。

（六）游戏法

游戏法,是指在符合规则的条件下,学生完成特定游戏任务的教学方法。其特点为方式灵活生动、氛围活跃、变化性强、促进学生发散性思维。游戏法中所使用的游戏通常是与教学内容有一定关联的,而不是随意安排的游戏。例如,在乒乓球运动教学中为了增强学生下肢力量,可安排蛙跳赛跑游戏;在足球运动教学中为了增强学生的控球能力,可安排网式足球游戏等。由于游戏本身也具有一定的竞争性,也会分出胜负,这种"矛盾"的存在会让学生对游戏更加青睐,参与兴趣大增。不过,鉴于个人在游戏中有着较大的选择性与独立性,因此对运动负荷的控制带来一定难度。在游戏法的使用过程中应注意如下几点。

（1）要以教学目标为基础来选择游戏活动,以及对游戏规则作出适度改变或提出相应要求。

（2）鼓励学生在游戏中的创新意识。

（3）教师对游戏过程要仔细观察,对游戏中出现的争执要公正裁决,游戏结束后还要对学生的表现进行讲评。

（七）竞赛法

竞赛法,是指以比赛条件作为指导学生学习和练习的教学方法。其特点为贴近实战,运动负荷较大,有利于检验学生的学习成果。在竞赛法的使用过程中应注意如下几点。

（1）明确竞赛法的目的:竞赛法的使用要确定目的,而不能随意进行,竞赛的组织也要服从教学目标。

（2）合理配对、分组:鉴于竞赛法使用有一定的目的,因此在比赛分组时就要做到有针对性,确保每组之间有着相对平均的实力。

（3）适时运用:竞赛法的使用应在学生对所学运动技能达到较高娴

熟程度后进行,即便如此,当学生在比赛中出现技战术问题时教师也要在赛后及时点评,并对下一次练习或比赛提出要求。

二、体育教学模式的构建

(一)体育教学模式构建的步骤

概括地讲,新型体育教学模式的构建步骤主要如下。

(1)明确指导思想。明确教学指导思想,使教学模式更突出主题思想,并具有理论基础。

(2)确定构建模式的目的。在明确指导思想的基础上,确立建构体育教学模式所达到的目的。

(3)寻找典型经验。在完成第一步的基础上,通过调查研究,寻找恰当的典型经验或原型作为教学案例,案例要符合模式构建思想与目的。

(4)抓住基本特征。运用模式方法分析教学案例,对教学案例的基本特征与教学的基本过程进行概括。

(5)确定关键词语。确定表述这一体育教学模式的关键词。

(6)简要定性表述。对这一体育教学模式进行简要地定性表述。

(7)对照模式实施。对照这一体育教学模式具体实践教学,进行实践检验。

(8)总结评价反馈。通过体育教学实践验证,对实践检验的结果进行归纳总结,通过初步实践调整修正模式,并反复实践以不断完善。

(二)体育教学模式构建的原则

1. 统一性与多样性并存的原则

体育教学模式构建的统一性是指在构建和创造体育教学模式时,要继承新中国成立以来我国体育教学思想和成功经验。新型体育教学模式构建的多样性是指在开发和构建体育教学模式时应尽量实现多样化,避免单一化与程式化的不足。

2. 教学目标、内容、结构与功能相统一的原则

从本质上讲,新型体育教学模式的建构是处理好学校体育教学活动中形式与内容、结构与功能的关键问题。所以,体育教师应该对各类体育教学课堂结构和形式的功能与作用进行全面分析,并以教学目标和条件为根据对教学模式作出比较合理的选择。

3.借鉴和创新相统一的原则

体育教学模式要坚持创新与借鉴的统一性。这里所说的借鉴具体是指借鉴两方面的内容,一方面要借鉴国外的先进教学模式理论;另一方面是要借鉴国内的先进教学模式理论与成功教学经验。

随着全球化趋势的加强,学校体育教学也必然要受到教育全球化的影响,不对国外先进教学模式理论加以借鉴或借鉴之后缺乏创新都是固步自封的落后表现。因此要有机结合创新与借鉴,这样才能运用成功的经验,吸取失败的教训,不走或少走弯路。具体来说,统一借鉴与创新,就是要以正确的体育教学思想为指导,革新原有的落后的体育教学模式,借鉴前人和他人的成功经验和理论,结合教学中的客观实际,提高体育教学的效率。

第四节　创新教育理念下体育课程建设的展望

一、课内外与校内外一体化

(一)课程资源的开发与利用为课内外与校内外一体化提供了可能

为满足"课内外、校内外有机结合的课程结构"的实际需求,对于体育课程的资源要予以大力开发且高效利用。从师资方面上来说,除了体育教师作为一线指导教师外,学校辅导员、校医、共青团与学生会干部以及体育骨干学生也要被动员起来,积极调动他们参与学校体育教育活动,发挥其应有的作用。从体育课程的时间方面上来说,除了教学计划中规定的教学时间外,早晨、课间、课余、双休日、节假日等时间都可以被利用起来搞体育活动。从课程空间方面上来说,不仅仅依靠学校体育场所,还可以将其拓展到家庭、社区、少年宫、体育俱乐部,以及可以利用的诸多户外环境。上述这些方面只是为学校体育课内外、校内外一体化提供可能的部分方面。要想获得学校体育课内外、校内外一体化发展,打破课堂与校园范畴的束缚是必要环节,否则就只能禁锢其中,阻碍发展。

(二)大课程观为课内外与校内外一体化奠定了理论基础

从现代课程观的角度上理解课程,认为其是为实现课程目标在教师组织指导下的所有课内外活动的总和。究其来看,这属于一种大课程观,这种观点的确立无疑成为了学校体育走向课内外与校内外一体化的重要理论基础。为此,在如火如荼进行中的学校体育教学改革,就势必要遵循大课程观的指导理念,将体育的课堂教学与课外、校外的体育活动包括运动训练纳入课程之中,形成课内外、校内外有机结合的课程结构。在这一变革中,课程的结构也获得了创新发展,原有的课程结构出现了些许变化,其结果就使得体育课程与学校体育的界线开始变得模糊。为此,在新型体育课程实施之时,就需要体育教师不仅要像过往那样做好课堂教学工作,还要重视课外体育活动,以及注重将课堂体育教学与课外体育活动之间进行有效联系,让课外体育活动成为课堂体育教学的补充和拓展,如此也更能满足学生的不同体育学习需要。

（三）以增进学生的健康需求作为课内外与校内外一体化进程的方式

从过往的研究数据中可以发现,当社会经济水平发展到一定程度后,物质文明与精神文明都会出现提升,同时人的体质状况会出现一定的下降趋势。这不仅在我国如此,在许多国外发达国家亦是如此。提升体质健康水平需要付出一定的时间和辛苦,这是一个慢慢积累的过程。对于学生来说,他们正处于身体重要的发育时期,如果每周的锻炼量只是每周两次的体育课,那么能保证其体质正常向上发展的量就远远不足,学生体质健康状况明显下滑就是一种必然,而这点也确实在我国的学生体质测量数据中真切反映了出来。

我国学生体质健康状况在近些年来持续下降,这种情况已经引发了政府和社会各界的广泛关注。为此,政府还特别在做出的《中共中央国务院关于深化教育改革全面推进素质教育的决定》中指出:"学校要树立健康第一的指导思想,切实加强体育工作""确保学生体育课和课外体育活动的时间。"《决定》中特别提到了"健康第一"一词,即要求在学校中体育教学等一切体育活动,都要以"健康第一"作为核心,学校体育活动与体育课程必须要围绕这一核心开展。为此,学校体育教育的范围就要扩大,在传统的课内教学基础上还要走向课外体育活动,甚至要从校内走向校外,走一条课内外、校内外一体化的整体改革的道路。鉴于此,所以,增进学生的健康需求对学校体育课内外、校内外一体化的进程是一种极大的促进。

二、逐步加强选择性与层次性

(一)课程管理体制的改革为加强学校体育的选择性创造了条件

我国体育教育受长期计划经济体制的影响,其自身发展也带有类似的特点,接受的也是相对统一的管理方式。表现在实践中,就是全国学校都要按照统一的大纲,甚至是统一的标准进行体育教育,只能对选修类课程做一些有限度的变动。

我国地域广阔的国情注定很难做到各个地区的条件几近平衡,特别是经济发展的不平衡会导致包括学校体育课程在内的诸多方面的发展受限。这点对于学校体育课程资源的分配来说也是很明显的,经济发达地区的体育课程资源相对丰富,而经济欠发达地区的体育课程资源就格外匮乏。为了摆脱体育课程资源受困于地区经济实力的禁锢,我国试行的国家、地方和学校三级课程管理体制就显现出了积极的作用。落实到具体点时,国家教育部门仅对课程标准与目标提出要求,而对于更加具体的课程内容等方面则没有做太多限制,课程具体细则的决定方为地方教育部门,甚至是学校的体育教学部门。如此一来,就能使身为最基层的学校来根据自身情况确定体育教学元素,那么其所建设出的体育课程无疑是最适合本校条件,以及最符合本校或本地区特色的。

(二)学校体育教育的地域特点将愈发显现

随着当前教育部门在体育教育理念上的改变,以及体育教育改革的实际要求,都确定了作为基层体育教育单位的学校在进行体育课程建设过程中有了更大的选择权和自主性。如此一来,学校体育课程建设只要符合国家体育教学大纲即可,至于具体的课程内容、教学方法、教学模式、课外活动形式等可根据地区情况、课程资源、体育传统等自主选择。这样就能愈发凸显出学校体育教育的地域性特点,学校体育教育会变得更加多样。

(三)层次性将成为贯彻区别对待原则的重要形式

新体育课程标准中包含有这样的描述:"关注个体差异与不同需求,确保每一个学生受益。"通过这句话可以明确得知在体育教学中要关注学生的个体差异,做到因材施教,避免"一刀切"式的教育。理想是丰满的,但现实却些许骨感。对于我国来说,有许多地区的教育处于欠发达水平,更何况是被经常视为"可有可无"的体育教学了。面对这种现实,大谈实施个性化教学显然是不切实际的空谈。但办法总是有的,最直接的方式就是采用分层次教学来实现因材施教、区别对待。分层次教学,是根据学生的身体条件、运动兴趣、运动能力等将一个自然教学班在开展体育教学时分成若干个单位,对不同兴趣或不同层次的学生制定符合他们体育发展的学习目标和评价方法。这是一种教学策略的变革,在这样的教学模式下,所处层次中的学生通过努力,都能完成学习目标,感受到体育带给他们能力上的提升和喜悦。这种分层次教学的模式不仅可以应用与课堂教学,甚至在课外体育活动与运动竞赛中也可以广泛运用。

三、体育教学组织形式更加多样

(一)教学内容、形式的多样性

学校体育教学内容一直在追求着多样化的发展方向,以此来满足不同体育学习需求的学生。在现阶段,如下几类项目普遍被选为学校体育教学内容。

(1)影响力和关注度较高的竞技项目。所谓影响力和关注度较高的竞技项目主要为足球、篮球、乒乓球、羽毛球、体操、冰雪运动等项目。这类项目有着较高的竞技体育开展价值,并且受到人们的广泛关注和热烈讨论。学校体育课程中引入这类项目无疑更能激发学生的参与热情,培养他们的争胜精神和良好的运动风尚。此外,这类运动对提升学生的体质水平也有着极大的促进作用。

(2)时尚休闲体育项目。时尚休闲类体育项目如网球、台球、保龄球、沙狐球等,这类运动具有轻松愉快、修养身心、运动量可控等特点,能够让人在快乐之余实现身心两方面的锻炼,因此也是最为理想的培养学生终身体育意识的项目。

(3)个体健身类项目。个体健身类项目如瑜伽、体育舞蹈、健美操、自行车骑行等。这类运动通常由个人即可开展,也可约几位有着相同爱好的同伴共同参与,具有增强体质、完善体形、灵活度高、场地限制少等特点。

(4)民族、民间、民俗体育项目。我国一个多民族国家,众多民族群众历经千百年的发展创造出了大量民族、民间、民俗体育项目,即便到了21世纪的今天,仍旧有许多传统项目被人们组织,大众参与热情仍然较高。将传统武术、养生引导术、跳皮筋等传统项目引入到学校体育课程当中,不仅能发挥项目本身强身健体的价值,同时还是对学生弘扬民族文化、开展爱国主义教育的好方式。

（二）学生个体体育需要的多样性

体育课程标准建立的要求始终包含要重视学生的体育学习需求,以及满足他们自我发展的需要。一千人心中就有一千个哈姆雷特,可以说每个学生心中也有对体育学习不同的需求,如有些学生学习体育是为了强健身心,有些学生是为了展示自我,有些学生是为了结交朋友,还有的是为自己今后走上体育生涯奠定基础等等。体育课程就是满足学生多样化体育需求的载体,只有多样性的体育课程,才能满足学生多样性的个体需求,才能激发学生认真学习的热情。

（三）组织学校体育课教学形式的多样性

现如今,学生的体育主体意识相比过往有了大幅度的加强,这就使得学校体育教学的行式也要予以转变,体现其多样性特点,才能与学生的体育主体意识相匹配。

1. 体育社团将在学校中得到发展

学校体育社团在现代学校中组建已经是非常常见的学生自发行为了,这是由学生自发组建的非校方管理的专门用于开展各项体育活动的组织。通常带头组织体育社团的是学校学生会或团委,尽管校方不会对社团的活动进行管理,但在一定程度上要给予支持和指导。学校中成立的体育社团通常时以单一项目为主的,如体育舞蹈社、台球社、乒乓球社等。学生本着自愿和遵守社团规章的原则加入其一,有权参与社团组织的体育活动以及相关的管理工作。

2. 体育俱乐部将成为学校体育的重要组织形式

现代学校中已经出现了体育俱乐部的学校体育形式。体育俱乐部在学校中的出现,实质上也是为了满足学生多样化的体育需要。为此,学校根据自身的条件举办了多种项目的体育俱乐部,这些俱乐部总体有两类,一类是竞技体育俱乐部,其是以发展学生体育特长和提高运动技能为目的的;另一类是大众化的体育俱乐部,其是以满足学生健身、健美、娱乐需求为目的的。

3.非正式学生体育群体将越来越活跃

非正式学生体育群体的构成普遍有如下特点。

（1）群体人员构成主要为年龄相近的学生,一般为同年级或同班同学,人数在3至10人不等。这些学生长期在一起从事固定项目的体育活动,群体人员的构成也相对固定。要想融入到一个非正式学生体育群体中,大多是以"老人"介绍"新人"的方式加入。

（2）构成非正式学生体育群体的纽带是群体人员共同的体育爱好。

（3）基本没有正式的管理与控制手段,对于群体各项事物的管理和协调基本依靠群体人员约定俗成的习惯及彼此间的感情。

（4）面对面互动是主要活动方式。与此同时,在长期共同的相处和活动过程中,逐渐形成了相对稳固的群体分工和角色,如队长、副队长、群体活动后勤保障人员等。

现如今,非正式学生体育群体在学校中数量众多,甚至已经成为学校课外体育活动以及节假日体育活动中的重要构成单位。如果能对这种组织有正确的引导,这种形式很可能成为体育教学与课外体育活动的一种新的有效组织形式。

4.集中统一与小型多样的有机结合

我国的国情和实际教育行为决定了传统学校体育组织的形式表现出集中统一的特点,这已经被认定是行之有效的开展方式,定期组织全校范围的运动会、体育节、单项体育运动赛事等都是受到学生喜爱的活动形式。而小型化和多样化的体育活动组织形式将是未来学校体育发展的趋势,这是满足更多学生对体育参与细化需求的方式。为此,在日后的学校体育组织形式中,将集中统一与小型多样进行有机结合是顺应发展趋势的。

四、为提高学生整体健康服务

"健康第一"的体育教育指导理念的确立在领域中曾引起过不少争论,从这些争论中不难看到各方对这一理念的认识有很大的差异。例如,旧健康观依旧有"市场",该理念认为只要学生不生病就带着着他是健康的,这种理念使得工作重点会被放在提高学生体质健康上,并且以不生病作为验证工作成果的标准;还有观点认为体育教育重在对学生的身体素质的锻炼上,心理素质和社会适应能力等的锻炼不在体育教育范畴之内;还有观点认为增强学生体质与培养学生的终身体育意识本没有太多关联,对学生体质的培养更应着眼于现在。此外,还有一些观点又倒向了另一个极端,即认为只要坚持"健康第一"的理念,就不能正确看待向学生传授体育的基本知识与技能,认为这种依旧看重传统体育"三基"教学的方式是过分的,没有彻底改变的,并且认为培养学生终身体育的意识与能力是超出现实的,妄图打造空中楼阁的行为。众多观点充斥其中,都对"健康第一"理念的贯彻带来了一定的阻碍。

对于"健康"的概念,世界卫生组织曾经多次进行过修改和完善。如今我们谈论的"健康",一改过去单纯从生物角度出发的健康,其不仅指身体健全且没有疾病,还强调的是一种人的身体、心理和社会的综合性健全状态,构成了一个集生物、心理、社会为一体的多维健康观,这种新健康观无疑更能体现健康的本质。如此也就使得学校体育教育必须要在"健康第一"的理念指导下开展工作。

(一)为提高学生的体质水平服务

学校贯彻"健康第一"的体育教育指导思想决定了体育课程要为提高学生的体质健康水平服务。学生所处的时期正是身体发育的高峰期之一,此时学生的身体可塑性极佳,在这一阶段中配合上足够的体育运动,不论是对他们当下还是未来,都能打下一个良好的体质基础,这会让他们受益终身。因此,提升学生的体质健康水平是体育课程的必然使命。

(二)为提高学生的心理水平服务

世界卫生组织为了提示人们注重心理健康问题,特将心理健康的内涵加入到了健康的概念中。心理的健康水平和素质水平是决定一个人的心理发展水平的两大要素,一个健康的心理应囊括智力发展水平、情绪状态、行为反应与心理适应能力等。心理素质则包括自尊心、自信心、意志品质、情绪管理和心理调节能力等。心理健康关乎到一个人的整体健康状态,其与人的生理健康有着无法割裂的关系,两者互相影响。例如,当一个人忽然由于某件事情而陷入长期忧郁和恐惧的话,那么其身体的健康状态也会逐渐被破坏;当一个患病的人能够感受到周边人给予他的爱和鼓励,在心情舒畅的情况下,他的病情恢复速度会加快。

就现代正处于学生时期的青少年来说,已经有越来越多的人存在心理问题,且这一情况还有进一步增加的趋势。学生的心理问题更多来自于学业压力,特别是对于面临毕业的学生更是如此,他们要面对的不仅是眼前的考试竞争,还要面对未知的未来。为此,需要他们学会抱着平常心来看待事物,并学会必要的心理调节和疏导方法。在这一过程中,教育部在注重学生知识与能力培养的同时也应该重视他们的心理健康。学校体育教育,就恰好承担了服务学生心理健康发展的重要使命。

(三)为提高学生的社会适应能力服务

人类从古至今都属于群居动物,即便来到 21 世纪的今天,社会结构发生了如此剧变,也都没有改变人类群居的本体属性。为此,人们为了在社会中生存下去,就必须要适应社会,适应与他人共同生活在社会之中,而与他人的关系就成为了现代社会生活的核心之一,甚至能否有良好的社会适应能力和维护人际关系的能力都被当作衡量一个人的健康程度的标准。从总体层面上看,人的社会适应能力是其体质、情商与智商的综合发展的展现。而从具体层面上看,人的社会适应力则体现在群体意识、集体责任感,以及与他人的沟通能力和合作能力等。

事实上,学校体育课程可以被视为是一种微型社会,参加学习的学生就好像置身于社会,他们承担着某种社会角色,有各自需要完成的任务。如此使得学生在体育学习之中能受到潜移默化地"社会教育",这会让他们日后走入社会不会产生太多的不适感,而提升学生的社会适应能力,也注定是学校体育课程所必须承担的责任。

第五章 创新教育理念下体育 课程教学管理的理论

要想保证体育教学的质量,必须要加强体育课程教学管理的力度,而加强体育课程教学管理要以一定的理论为依据。体育教师在教学管理的过程中要依据科学的理论组织与管理整个教学过程,从而实现体育教学管理的目标,进而实现体育教学的总目标。本章重点阐述创新教育理念下体育课程教学管理的基本理论体系,为体育教师的教学管理提供必要的理论指导。

第一节 体育课程教学管理概述

一、体育课程教学管理的目的

（一）体育教学管理基本目的

体育课程教学管理属于体育教学的重要内容,作为一名合格的体育教师,一定要具备出色的体育教学管理的能力。具体来看,体育教学管理的目的主要有以下几个方面。

（1）营造良好的体育教学氛围,让学生充分感受到体育文化的独特魅力。

（2）传授学生体育相关知识与专业技能。

（3）培养学生良好的竞争意识和团结协作的集体主义精神,激发学生参与体育教学活动的兴趣。

（4）培养和提高学生的健康素质和活动能力。

（二）体育教学管理目的的实现

在体育教学工作体系中，体育教学管理是一项非常重要的内容，管理目的能否实现、实现的程度如何，直接决定了体育教学管理工作的质量，因此，要采取各种措施和手段实现体育教学管理的目的。

（1）强化体育的多功能目标，体现体育教育的多样化功能。

（2）树立正确的体育教学思想。对于学生来说，在教师在引导下树立"健康第一""终身体育"等指导思想，是有助于他们养成自觉锻炼的习惯的，同时，还能对他们的身心全面发展等起到促进作用。

（3）建立一个科学完善的体育教学评价体系。体育教学效果以及体育教学活动的进展情况，都需要经过一定的教学评价才能实现。通过评价得出的反馈信息还能为接下来的教学安排提供必要的事实依据。

二、体育课程教学管理的内容

（一）教学目的与任务管理

对教学目的与任务管理是体育课程教学管理的一个非常重要的内容。这一项管理的主要目的在于进一步明确教学目的与任务，以期围绕目的与任务来展开教学，尽快完成教学任务，实现教学目标。只有先将教学目的与任务确定下来，体育教师才能明确教学方向，有针对性地展开教学，减少盲目教学的可能。

体育教师不管是设计课堂教学组织方式，还是选择教学内容与方法，或者是调整课堂教学步骤，都要严格依据课堂教学的目的任务来进行。此外，体育教师也要让学生明确学习任务和要达到的学习目的，从而让学生选择适合自己的且有利于尽快完成学习任务与达到学习目的的学习方法，最终获得预期的教学效果，实现教学目标。

大量的事实表明，体育教学效果与教学目的和教学任务之间有着密切的关系。如果教学目的、任务缺乏科学性，也比较模糊，那么体育教师在教学过程中很难把握重点、突出重点，教师不知为什么而教，学生不知为什么而学，整个课堂教学显得盲目、随意，而且氛围也比较压抑、枯燥，最终影响教师教授的热情与学生学习的积极性，导致教学效果不佳。

因此，在体育课堂教学目的与任务的管理中，要重点明确教学目的与任务，并以此为依据开展教学活动。需要注意的是，制定的教学目的与任务要合乎实际，客观而明确。

（二）教学容量及难度管理

在体育课中,教学容量与教学难度如何将直接影响到教学效果。因此,体育教师确定的课堂容量与难度都要适中和合理,符合学生水平及教学要求。目前来看,有些体育实践课虽然容量小,但存在一定的难度,超出学生的身心承受能力,而且安排男生与女生一起上体育课,没有考虑他们的身心发展差异,有些内容对男生来说相对容易,男生经过努力练习是可以掌握的,但对女生来说确实是有难度的,运动负荷过大,女生即使经过反复练习也不易掌握,这必然会影响女生学习的积极性,打击她们的自信心,最终无法实现让所有学生都掌握课堂知识与技能的课堂教学目标。另外,还有一些体育实践课虽然容量大,但缺乏必要的难度,表面看起来课堂氛围很好,学生参与的积极性也很大,但简单又机械的内容不足以提高学生的体育技能水平。由此可见,体育课堂教学容量与难度如果安排不合理,都不利于提高课堂教学效果,体育教师要引起高度重视。

（三）教学时间管理

一堂体育实践课,主要包括三个部分,即准备部分、核心部分和整理部分,这三个部分缺一不可,体育教师一定要结合教学实际合理安排。如果安排得当就能增强体育课堂教学时效性,保持体育课堂教学良好的节奏感,使学生一步步掌握重点内容。在每个部分的教学中又包含一些具体的教学活动和任务,对于各项活动与环节所用的时间也要合理安排与分配,以保证按照预期计划完成教学任务,保证突出教学重难点,最主要的是保证学生掌握了知识,提高了运动技能。

为实现体育教学效果,体育教师一定要管理与控制好教学时间,不能因为没有分配好时间就随意减少计划要传授的教学内容,或课后拖延时间匆匆完成任务,这都是不负责任的表现。加强对体育课堂时间分配与安排的管理体现了有效教学的观念,能够将有限的课堂时间充分利用起来,提高教学效率,实现体育教学的目标和任务。

（四）教学方法与手段管理

在体育教学体系中,教学手段与方法起着极为重要的作用,科学合理的教学手段与方法有助于提高教学效率,实现理想的教学效果。由此可见,体育教学方法与手段的管理也是体育课程教学管理中的重要内容。体育课堂教学方法与手段的管理至关重要,体育教师在这方面的管理中能够深刻体会到"教学有法、教无定法、重在得法、贵在活用"的含义,并能积极探索与学习新的教学方法,加强对传统教学方法的改革与创新。对体育教法与手段进行革新与管理,首先要树立新的教学理念,在先进理念的指导下创造新的教学方法,以提升体育教学的高度,彻底改变传统体育教学中将少数几种教学方法不分场合、一用到底的局面。体育教师在课堂上对教法与教学手段的合理选用有助于真正达到省时低耗、优质高效的理想教学状态。为了强化体育教学方法与手段的管理,探索更多先进有效的体育教学方法与手段,学校应组织体育教研组定期开展研讨会,充分发挥学校体育教研组的力量,从而构建一个科学、合理和完善的体育教学方法体系。这样才能为取得理想的教学效果提供良好的保障。

（五）教学效果管理

教学效果是评价体育课是否成功的最重要的依据,因此加强体育教学效果的管理也是非常重要的一项管理内容。体育课的教学效果最直观地反映在学生的考试成绩中,尤其是技能考核成绩中。在体育课堂教学中,教师的教学活动与学生的学习活动都是为实现教学目标和提高教学效果而服务的,因此,体育教师必须在教学内容安排、教学方法选用、教学模式构建、教学评价实施中不断改进与优化,要从学生的身心特点及实际需求出发组织教学教学,使学生在课堂上将体育知识与技能掌握好,促进其身心健康发展及运动技能的提升。只有如此才能从根本上提升体育教学效果,实现体育教学目标。

三、体育课程教学管理的类型

（一）专断型管理

体育课堂教学中实施专断型管理的体育教师对学生提出了非常严格的要求,学生必须按教师的要求执行课堂常规。教师往往以命令的方式要求学生完成一些学习任务,学生不得不服从命令,教师认为学生若不听从命令就是无视教师的权威,对于这类学生往往会采取一些方式进行惩罚。在整个课堂教学中,教师将个人意愿和个人权威放在首位,而对学生的个性化需求及其主体性并不在意。课堂教学氛围紧张、压抑、沉闷,学生不敢发表自己的意见和想法,虽然对教师言听计从,但并不是真正愿意在这样的氛围中学习。长此以往,必然会压抑学生的个性,制约学生主体性的发挥,影响学生的身心健康发展。所以专断型课堂教学管理方式有待改革。

（二）放任型管理

放任型教学管理方式具有很大的负面作用,在这一管理模式下,体育教师往往缺乏责任心和管理意识,在体育课堂教学中一般只负责传授知识与技能,依据教案按部就班地教学,以完成教学任务为目的,至于学生是否认真听讲、是否掌握了课堂知识以及课堂教学效果是否良好等问题,教师对此并不关心。甚至可以用"放任自流"一词来概括教师对学生的态度。

在体育课堂教学中,体育教师采取必要的管理方法与策略有助于活跃课堂氛围,使学生在良好的课堂环境下学习知识与技能,使学生学习的积极性和效率得到提升,最终取得良好的学习效果,但采取放任型管理方式的体育教师往往忽略了课堂管理的重要性及自身在课堂管理方面应有的责任。教师对学生放任不管,似乎对学生的个性发展有益,实则对学生的学习与成长无益,教师不负责任的态度导致体育课堂教学无法满足学生的实际需求,无法调动学生的学习热情,即使学习自觉的学生如果长时间不管理,也会变得懒散,而本身自觉性就差的学生更是无视课堂纪律,会做出一些不尊重体育教师、破坏课堂纪律、影响其他学生的不良行为,这甚至会成为学生以后犯更大错误的引子。

总之,放任型课堂管理方式不利于体育课堂教学活动的顺利进行,在很大程度上会影响体育教学效果,不利于学生的健康成长。因此,体育教师尽量不要采取这一管理方式。

（三）民主型管理

民主型管理方式能在一定程度上体现"以人为本"的基本原则,在这一管理方式下,体育教师往往具有较强的民主意识,他们以学生的实际需要为中心,围绕学生的整体特征及个性化需求而展开教学,在教学过程中教师会采取一些有效的措施激发学生的学习积极性,强化学生的学习动机,并努力结合学生的兴趣爱好设计教学,以满足学生的需求。

民主型课堂管理方式较为灵活,在体育课堂教学中,教师在从一个活动转移到另一个活动的过程中能够通过灵活的管理来使学生始终保持较高的学习兴趣,并使课堂秩序始终保持良好状态。随着课堂教学需求的提高和教学因素的变化,体育教师也能及时完成课堂环境的重建,从而满足新的需求,适应新的变化,这是民主型管理方式与前两种管理方式相比而言最显著的优势与特征。体育教师采取民主型管理方式说明他们尊重学生,并希望通过民主管理来营造和谐融洽的课堂氛围,激发学生的学习兴趣,促进课堂教学效率的提高。这一种教学模式符合现代教育理念及教学要求,因此值得提倡。

(四)理智型管理

理智型管理也是体育教学管理的一个重要类型,这一类型的特点是体育教师有清晰的教学思路、明确的教学目标,并依据教学目标而有序安排每个教学环节,精心处理每个教学细节,以求最终顺利实现课堂教学目标。此外,体育教师也能够以课堂教学目标和所教的内容为依据而对一些教学方法合理进行选用,并给学生留出自主学习与思考的时间,让学生自主选择适合自己的学习方式和练习方式,在学生自主学练期间,教师适时、适当地进行指导和提示,以提高学生的自主学习效率,增强学生学有所获的成就感。

体育教学和一般的文化课教学不同,课堂教学中会受到很多内外因素的干扰与影响,面对多重影响因素,理智型教师往往能够灵活安排课堂教学工作,并灵活管理学生,学生在课堂上表现出来的学习态度、学习行为等对教师来说都是有价值的反馈,教师可依据这些反馈信息而灵活进行管理,从而端正学生的态度,使学生的学习行为趋于积极主动、合理有效。在体育课堂上善于进行理智管理的教师往往具有"教学技巧高超,管理技巧娴熟"的优势,正因如此,他们才能更科学地安排课堂教学活动。

需要注意的是,理智型课堂管理方式有其自身的缺陷,主要表现为课堂氛围比较严肃、沉闷,缺乏足够的生气与活力,这容易影响学生学习的热情和效果。

(五)情感型管理

情感型教学管理主要是指体育教师从学生的情感需要出发来管理课堂教学活动,课堂管理的整个过程中都透漏着教师对学生的"爱"。体育教师以得体而亲切的语言进行课堂教学,并鼓励学生发挥自己的优势,对于进步明显的学生,教师总是不吝夸奖。教师对学生的情感需要给予一定的关注与重视,并能根据学生的情绪调动课堂气氛,使学生在体育课堂上能够获得愉快的心理体验。体育课堂上难免会有破坏课堂纪律的学生,提倡情感型管理的体育教师不会一味指责这些学生,而是会以恰当的方式来指正,引导他们规范自己的课堂行为,这样既维护了学生的尊严,又能使学生感受到教师的真诚与善意,这对于建立和谐的师生关系、巩固师生之情以及净化课堂风气都具有重要的意义。情感型管理方式与"以人为本"的基本原则有着密切的关系,与现代教育的理念相吻合,因此这一管理方式值得提倡。

（六）兴趣型管理

学生是体育教学活动的重要主体,体育教师要以学生为本组织与管理教学活动,要想实现良好的管理效果,就要重视学生兴趣的激发,采取各种手段与措施培养和提高学生学习体育的兴趣。因此,在体育课堂教学中采用兴趣型管理方式的体育教师往往教学艺术高超,教学风格突出,能够以独具艺术性的教学技巧将学生的学习兴趣激发出来,并使学生在学习中陶冶情操,提升艺术修养。

体育教师在课堂教学中语言生动形象、教态从容优雅、示范优美娴熟、节奏把控良好,能够以有趣的方式给学生呈现所要教授的内容,使学生在富有美感的课堂中集中注意力听讲、看示范,使学生保持高昂的学习热情,在教师的引领下跟着节奏一步步掌握新知识,获得"美"的享受,这样的课堂管理也显得非常轻松活泼,能获得理想的管理效果,从而有利于实现既定的教学目标。

四、体育课程教学管理的特点

体育课程教学管理主要呈现出以下几个方面的特点。

（一）方向性特点

体育课程教学一个非常重要的特点就是具有一定的方向性,这一特点可以说是学校各个课程教学都具有的。要想保证体育教学活动的顺利开展,体育教师必须要以科学的理论为指导组织与管理整个教学活动,并将这一指导理论与思想贯穿于管理过程的始终。因此说,体育教学管理具有一定的方向性特点。

体育课程教学管理的方向性特点主要体现在,体育教学要坚持以马列主义、毛泽东思想、邓小平理论、三个代表重要思想和科学发展观为主要指导思想,全面贯彻和执行党的教育方针,为实现学校教育的总目标服务。体育教学中的所有人员,包括教师、学生以及工作人员等都要坚持这一指导思想,确保体育教学方向的正确性。

（二）系统性特点

体育课程教学属于一个大的系统,系统内包含大量的要素,各要素相互配合共同推动着体育教学系统的发展。所以说,体育课程教学具有一定的系统性特点。体育教学系统非常复杂,受各种因素的影响,体育教学系统通常会存在着一些问题,如何应对与解决这些问题就成为其中的关键。只有解决好这些问题,才能推动体育教学管理系统的健康发展,才能保证体育课程教学的质量和效果。

体育教学管理具有一定的系统性特点,因此体育教师在组织与管理体育教学活动时也要遵循一定的系统性原则,从整体上以全面的眼光把控整个教学过程,促进教学系统内各要素的协调发展,从而形成一个强有力的整合系统,只有实现了系统功能之和,体育教学才能获得健康发展。一般来说,体育课程教学管理的要素主要涉及人、物、信息、时间等四个方面,体育教师要采取各种手段灵活的协调这四个方面相互配合,推动整个体育教学系统的健康运转。

（三）阶段性特点

在学校体育教学中,不同年级的学生都处于不同的年龄阶段,而体育教学也具有一定的年度特征,这些因素都对学校体育课程教学管理产生了重要的影响。因此,在体育课程教学管理的过程中,一定要重视教学阶段的这一特点,以此为依据开展各项工作,这一点非常关键,体育教师要引起高度重视。

另外,需要注意的是,虽然体育课程教学管理具有一定的阶段性特点,但是各个阶段之间的教学活动并不是孤立的,而是存在着一定的联系,这就要求体育教学管理工作要遵循其中的发展规律,循序渐进、按部就班的进行。

（四）教育性特点

随着学校教育的不断发展,体育教学在学校中的地位也逐渐受到重视。我国政府及教育部门也制定和颁布了一些促进学校体育教学的政策与文件,各学校的管理部门及领导也开始重视体育教育。体育教育的一个重要目的在于增强学生体质,促进学生全面发展。因此,这也就赋予了体育教学管理一定的教育性特点。在体育教学管理过程中,体育教师应坚持"以人为本"的基本原则,一切教学活动的开展都要为了促进学生的全面发展。

我国体育教学的总体目标是"以人为本",也就是以学生为本,促进学生的全面发展。因此,在具体的教学管理中要突出"育人"的特点,以育人为基本原则,充分调动体育教师教学管理的积极性,提高教学管理的效益和质量,推动学校体育教学的健康、快速发展。

五、体育课堂教学管理的实施

（一）体育课堂教学管理实施的前提

作为一名合格的体育教师,必须要具备良好的全面的素质,这些素质主要包括教学业务素质和思想道德素质两个方面,这是体育课堂教学管理实施的重要前提条件。

1. 教学业务素质

一般来说,体育教师的业务素质主要包括体育基础理论、一般文化理论知识、运动技能等方面的内容。一般来说,能够依据体育教学规律和教学原则合理安排教学内容、正确选用教学方法、科学构建教学模式、全面实施教学评价,并使学生利用有限的课堂时间充分掌握体育知识与技能的体育教师就是业务能力强、业务水平高的专业教师。业务素养高的体育教师容易树立威望,对学生有威慑力,能管好课堂纪律,调动课堂气氛,能以生动形象的讲解和准确无误的示范调动学生学习的积极性,是学生保持积极向上的学习态度,因而最终也能取得好的教学效果,由此可见,体育教师业务素养的培养与提高非常重要。作为一名体育教师要时刻想着如何提升自己的教学业务素质,这样才能组织与管理好体育教学活动,从而实现教学目标。

2. 思想道德素质

思想道德素质也是体育教师的一项重要素质,这也是体育课堂教学管理实施的重要前提之一。需要注意的是,体育教师思想道德素质的影响虽然不是外显的,也不是快速形成的,但这种内隐而又潜移默化的影响却是非常持久而深刻的。而只有思想品质高尚、有崇高敬业精神、工作态度认真负责、胸怀坦荡的教师才会对学生产生积极的影响。学生这个群体具有一定的敏感特征,在体育课堂上,体育教师的言行举止,甚至是表情这种细微的变化都会引起学生的注意,而学生接受这些反馈信息后也会不自觉地改变自己的行为。所以体育教师必须严于律己,以身作则,给学生树立一个良好的榜样,这种言传身教的方式将对学生产生至关重要的影响。

总之,为实现体育教学管理效果,体育教师必须先规范好自己的言行,再要求学生遵守课堂纪律,否则难以使学生真正接受管理。只有教师以身作则,严于律己,才能给学生树立榜样,建立威信,从而保证教学活动的正常开展。

（二）体育课堂教学管理实施的关键

大量的实践表明,体育课堂教学管理实施的关键因素在于营造一个和谐的课堂教学氛围。在这一和谐的教学氛围下,教师和学生才能密切配合好,实现良好的教学效果。

体育教学活动是指师生的双边活动,缺少了任何一方,都不能称之为完整的体育教学活动。体育课堂教学管理同样需要体育教师与学生共同参与,需要二者互动交流。为了维护良好的课堂秩序,保证课堂管理制度的真正落实,必须建立融洽和谐的师生关系,维护与巩固师生感情,从而使体育教师和学生能同时积极主动地教和学。

体育教学效果的取得离不开一个良好的教学氛围,而教学管理效果的好坏也与课堂氛围是否融洽有着直接的关系。教师的教与学生的学固然对体育课堂教学质量与管理效果有决定性影响,但这并不是唯一的决定性因素,师生互动的课堂环境也是不可忽视的决定性因素之一。课堂氛围不同,学生的学习效率、教师的教学效果以及课堂管理质量都会或多或少存在一些差异,只有构建和谐的课堂环境,营造融洽的课堂氛围,才能增强教师与学生之间的联系,实现合作与发展。由此可见,构建一个和谐的体育课堂教学氛围是实施体育教学管理的关键因素,体育教师在教学管理中一定要引起重视。

第二节　体育课程教学管理的理论指导

一、体育课程教学管理的原理

体育课程教学的管理不是盲目进行的,而是要遵循一定的程序和基本原理,这些原理主要有人本原理、系统原理、动态原理、效益原理等几个方面。

（一）人本原理

人在事物发展的过程中扮演着非常重要的角色,要想实现理想的管理效益,就必须要以人为本,充分调动人的积极性,激发人们参加各项活动的兴趣和动力,这就是所谓的人本原理。简单来说,人本原理就是一切活动都要围绕着人进行,人是活动的主体和重要力量。

依据人本原理,在体育教学管理活动中,人是非常重要的主体,在整个管理系统中人起着不可替代的作用。因此,在具体的体育课程教学管理活动中,要坚持以人为本的基本理念,这就要求做到以人为本,以人的实际水平和工作能力来安排各项工作,学校要为教学管理人员提供各方面的支持,从而保证体育课程教学活动的顺利进行,这样才能提高教学质量和效果。

（二）系统原理

体育课程教学管理系统大而复杂,系统中包含诸多要素,这些要素之间并不是孤立存在的,而是相互联系在一起的,正是由于这些要素之间的密切配合与相互促进才促使体育教学管理系统健康的运转与发展。系统可以说是各要素功能之和,这些要素按照一定的结构相互联系在一起,依据系统整体目标的要求进行各种组合与搭配,共同推动着系统的完善与发展。这就是系统运行的基本原理和机制。通过这一系统原理的运用,能实现体育课程教学管理优化的目标。

为保证体育教学活动的顺利进行,我们可以以系统原理为主要依据,确定体育教学管理的基本原则,在这一原则的指导下,有条不紊的开展体育教学管理工作,这是体育教学科学管理的重要体现。

以系统原理为依据,可以制定以下几个原则,体育教师要遵循这几个原则开展教学活动。

1.“整—分—合”原则

这一原则要求体育教师将整体分解为若干部分,然后确定明确的分工,保证分工的合理性和规范性。负责每一项工作的人员都要有一定的责任心,这样才能实现体育教学管理功效的目标,这就是“整—分—合”原则的利用。

2.优化组合原则

体育教学属于一个庞大的系统,系统内涵盖诸多要素,体育教师要学会对这些要素进行科学的组合,这样才能充分发挥各要素的功能,从而实现体育教学管理的效益。

3. 相对封闭原则

总体来看,在体育教学管理系统中主要包含两方面的关系,一方面是系统中各要素之间的关系,另一方面是系统与外部其他系统之间的关系。要想实现理想的体育教学管理的效果,就要在使系统内各种管理手段、方法等构成一个连续的封闭回路,构成一个闭环的系统。这就是相对封闭原则的利用。通过这一原则的利用,体育教学管理系统能够顺利的运转,从而保证理想的教学质量和效果。

(三)动态原理

在体育教学管理系统中,主要包括人、财、物、时间、信息等各种要素,这些要素都缺一不可,在系统中发挥着重要的作用。这些要素之间相互联系共同推动着整个系统的发展。另外,该教学系统还涉及计划、组织、控制、协调等各个环节的内容,每一个环节也包括诸多要素,这些要素都是处于不断地发展和变化之中的,体育教学管理要顺应这些变化,从而保证教学管理目标的实现。这就是体育课程教学管理的动态原理。

在体育教学管理的过程中,体育教师一定要掌握这一动态原理,在这一原理的指导下组织与开展教学活动。在具体的实践中,体育教师要下放一定的权利给学生,采取各种措施和手段激发学生学习的积极性,使其以饱满的精神状态投入到教学活动之中,从而保证教学管理活动的顺利进行。除此之外,体育教师在教学管理的过程中还要收集各种反馈信息,根据得到的客观的反馈信息及时调整教学方案和计划,从而实现体育教学的目标。

(四)效益原理

体育教学管理是一个大而复杂的系统,系统内的要素及环节众多,并且每一个环节的内容都是非常重要的,作为一名合格的体育教师,一定要管理好教学活动中的各个环节,以提高教学效益为中心,充分利用好教学中的人力、财力、物力、信息等各种资源,实现各种资源的优化与配置,这就是体育教学管理中的效益原理。体育教师要以效益原理为指导组织与开展教学活动。

实际上,进行体育课程教学管理的主要目的就在于实现理想的效益,因此,一定要遵循效益原理开展教学活动。一般来说,体育教学管理的效益主要包括经济效益与社会效益两个方面,这两个方面是缺一不可的,不能只为了一方面的效益而忽略了另一方面的发展。作为体育教学管理人员,要从不同的主体和不同的角度去检测和评估教学管理的效益,及时协调与调整管理系统中各个要素,从而实现实现最佳效益。

二、体育课程教学管理的机制

(一)体育教学管理机制的概念

最初,"机制"一词主要指的是"机器的构造和动作原理",后来随着时间的不断发展,"机制"这一词的含义逐渐延伸,扩展至生物学、医学、管理学等领域,在管理学领域,"机制"的意义与其本意区别不大,它与管理学相结合从而形成了一个新的名词——"管理机制"。

为促进体育教学管理效益的提高,必须要建立一个科学有效的管理机制,在这一管理机制下展开系统内的各项活动。要想建立一个科学的管理机制,首先就要结合体育教学实际建立一个组织机构并制定相关的组织制度。组织机构的建立要掌握一定的原则,那就是把系统内部的相关人员按照实际情况分配到组织系统的所有部门。而组织机构的相关制度则是不同岗位人员的行为规范,要在既定的行为规范下进行活动。体育教学管理系统能否顺利运转与系统内部各要素有着一定的关系,因此体育教师在教学管理的过程中要善于激发各个环节的要素,以人为本,充分发挥人尽其才、物尽其用的效果,从而实现体育教学管理效益。

综上所述,在体育教学活动中,体育教学管理机制就是为保证体育教学活动的正常开展而设置的相关组织或机构,各组织为了同一个目标而形成的一个体系。在这一机制的运转下,体育教学活动中的各个主体行为都能得到一定的规范,这样体育课程教学活动就能顺利的进行,培养体育人才的目标也能实现。

(二)体育教学管理机制的构成

大量的实践充分表明,一个科学的体育教学管理机制对于体育教学质量的提高重要的影响和意义。具体而言,体育教学管理体系主要包括广义与狭义两个方面的内涵。

广义上来讲,体育教学管理体系是指学校内外体育教学过程中涉及的具体要素。其中,政府部门、各类企业、社区、家长等都是这些要素中的重要内容。体育教学管理活动的顺利进行与这些要素之间有着密切的关系。

狭义上来讲,体育教学管理体系是指学校内部体育教学过程中涉及的各个方面的要素。其中,学生、教师、教学管理人员等都是这些要素中的重要内容。受学校类型、发展历史等因素的影响,每一个学校在校园机构设置和管理层次等方面都存在着一定的差异,这是不可避免的。但不论如何,体育教学管理体系的构成要素在利益主体方面是相同的。

在具体的实践活动中,体育教师一定要做好各方面的准备工作,充分考虑各利益主体之间的关系,使他们获得和谐稳定的发展。在体育教学管理工作中,相关组织机构的设置、管理人员的配备、教学体系制度的制定等都要围绕体育教学的目标进行,这一教学管理体系要能充分激发师生参与教学活动的积极性,能保证学生体育运动水平的提高,保证教学活动的顺利进行。

受各方面因素的影响,我国学校体育教学历来都比较重视狭义意义上的体育教学管理体系。这一种观念和做法存在着一定的弊端,不能从全局的眼光看问题,导致体育教学活动开展欠缺多样性。但是,实际上,体育教学管理会受多种因素的影响,尤其是在当今社会背景下,体育教育与社会需求之间的关系非常紧密,体育教育的发展在一定程度上依赖于社会环境,因此学校体育教学活动必须要密切联系社会,以社会人才需求为指导,培养适应社会发展的高素质人才。由此可见,关于体育教学管理机制要从广义与狭义两个方面去研究。

(三)体育教学管理机制的建立

体育教学管理机制的建立要以充分调动教学主体的积极性为前提,并合理地设置体育教学组织机构。只有如此才能保证体育教学活动的顺利开展。具体而言,体育教学管理机制主要包括以下几个方面。

1.建立激励机制

(1)激励的依据

大量的实践与事实表明,在学校教育中建立一个有效的激励机制对于教学质量的提高具有重要的作用。激励可以说是一种能激发教学主体参与活动积极性的教育方式,通过这一方式的利用,能收到良好的体育教学效益。一般情况下,体育教学管理激励机制的建立需要考虑三个方面,即教师、学生和管理者。在建立这一激励机制前,教学管理人员要事先做好充分的调查,充分了解教学主体的特点及个性,然后采取有针对性的措施与手段充分调动教师、学生和管理者的积极性,激发他们的学习与工作热情,这样才能促进教学质量的提高。

教师、学生与管理者是体育教学管理激励机制中的重要构成要素,其中教师是激励的主体,是激励活动的组织者与发起者,学生是被激励的对象,即激励客体。但从整体上来看,教学、学生、管理者三者都充当着激励主体和激励客体,三者之间的联系非常密切。

(2)激励的方式

选择什么样的激励方式对于体育教学质量的取得具有重要的意义,一般来说,激励方式主要有物质激励与精神激励两种,这两种激烈方式在当今的体育教学活动中都得到了充分的利用。

①物质激励。物质激励是体育教学中最为常见的一种激励方式,奖金、奖品、职位晋升以及工资提高等都属于这样一种类型,这一物质激励的方式非常有效,能对体育教学主体起到一定的促进作用。例如,对于体育教师而言,他们最为关注的物质激励是职务的晋升,因为这会直接影响到他们的收入以及未来的发展。基于此,学校相关部门就要引起高度重视,充分运用职称评定这一激励方式来激励体育教师的成长。很长一段时间以来,我国学校教育的职称晋升主要以发表论文、著作、科研课题的实际数量为依据,这一评价标准具有一定的片面性。那些具有丰富教学经验、教学质量高的教师往会因为发表论文、著作的数量不够而不能获得职称的提升,这极大地打击了他们的教学积极性,而一些教学经验不足、教学水平不高的教师却能通过这样一些途径获得晋升的机会,这种评价方式是不合理的,欠缺公平性。因此,学校相关部门要逐步完善物质激励的方式,一切激烈方式的利用都是为了提高教师工作的积极性,为了教学质量的提高。

②精神激励。一般来说,精神激励主要是借助于授予体育教师某种荣誉称号来提高教师的工作积极性。这一激烈方式也能起到一定的效果。在体育教学评价活动中,对体育教师的工作做出的积极评价与肯定性评价,能让体育教师感受到自己存在的意义和价值,能充分满足他们的自尊心,提升教学的自信心。精神激励这一方式较为简单,不需要什么成本,但有时候如果运用得当往往能受到更好的效果。由此可见,这一激励方式也是值得提倡的。

(3)激励的注意事项

物质激励与精神激励这两种激励方式都不是万能的,都有一定的优缺点,因此在具体的操作过程中,可以结合起来使用,这样才有利于实现理想的激励效果,但不论采取哪一种激励方式,都需要注意以下几点。

①激励机制要公平透明。无论采取哪一种激励机制,都应遵循公平透明的基本原则,否则就失去了激励的意义,反而会适得其反,导致个体或群体对组织机构的不信任,严重打击体育教师及工作人员的积极性。因此,学校部门要建立一个公平合理的激励制度,要将这一激励制度公之于众,接受全体人员的监督,规范教学主体的各种行为,激发大家相互竞争的意识,从而促进教学质量的提高。

②不同激励方式的结合使用。奖金福利属于物质激励的一种重要方式,在这一种激励方式得到了广泛的利用,但这一种激励方式并不是万能的。人与动物的区别在于,人不仅要满足自身的物质需要,还要满足精神层面的需要,因此只有物质方面的激励还是不够的,还需要建立一套以人为本的激励机制,运用精神激励的方式来建立教学主体的自尊心,提升其教学的自信心。因此,在具体的实践中,要将物质激励与精神激励结合起来使用,一般来说主要以精神激励为主、物质激励为辅。通过这两种激励方式的综合利用往往能获得理想的激励效果。

③激励与日常考核的结合使用。一个良好的激励机制对于教学主体的教学活动能起到积极的促进作用,但需要注意的是,这一种激励机制是比较单一的,还需要结合日常的考核标进行。只有如此,才能促使激励机制激发的内在动力和考核的外在约束发展成合力,从而充分激发教学主体的内在潜能,促进教学质量的提升。

（4）科学激励机制的作用体现

一个良好的、切实可行的激励机制对于体育教学主体以及教学质量的提高都具有重要的作用,这主要体现在以下几个方面。

第一,能促使教学主体积极主动地参加各种社会实践活动,从而提升自身的综合素质与能力。

第二,能帮助学生正确的认识自己,梳理学习的自信心,为了实现学习的目标而不断努力。

第三,能有效提升体育教学工作人员的管理水平,促进其综合素质的发展和提高。

2. 保障机制的建立

（1）建立保障机制的必要性

①随着现代社会的不断发展,科学技术水平也越来越高,如今出现了大量的新材料和高科技器材,这些器材不仅被广泛应用于运动员的运动训练和比赛中,也被引进到学校体育教育之中,对于体育教学质量的提高具有重要的作用。另外,这些高科技的体育设备还能为教学主体参与教学活动提供一定的安全保障。

②据调查,目前我国大部分的学校都存在着经费短缺的问题,在这样的情况下,学校就无法购买具有高科技含量的体育器材或设备,这在一定程度上影响我国学校体育教育的发展。

③我国大部分的学校在有限的资金方面,还存在分配不均的问题。受学校升学及就业压力的影响,大部分的教学资金都运用到文化课教学方面,体育教学获得的资金投入非常少,这就难以满足学生的体育学习需求。

综上所述,建立一个科学的保障机制对于学校体育教育的发展而言具有重要的意义。这一方面应该引起我国政府部门及学校领导人的高度重视。

（2）保障机制的具体内容

建立一个体育教学管理的保障机制是十分必要的,通常来说主要包括以下两个方面的内容。

一方面,国家政府部门要结合具体的实际建立一个完善的法治体系,借助立法的手段来解决教育投入的问题,这能从根本上解决我国体育教学投入力度不够的问题。

另一方面,在全面分析学校具体实际的基础上采取院系两级或一级管理的财务预算管理方式,满足一线教学的需要。对于体育教学训练而言,一定要保障学生的训练经费和实习经费。只有如此,体育教学活动才能得到顺利的进行。

3. 风险处理机制的建立

（1）建立风险处理机制的意义

体育教学具有一定的特殊性,它是一门以身体运动为主的学科,绝大部分的教学内容都以身体运动为主,与一般的文化课有着明显的区别。既然涉及身体方面的运动就必然存在着一定的风险性,因此加强学生运动中的安全管理是尤为必要的,为杜绝风险,保证学生的人身安全就需要建立一个风险处理机制。

大量的实践与事实表明,事先建立一个风险处理机制具有重要的意义,在这一机制下,体育教学活动能在安全的基础上进行,学生的人身安全能得到良好的保障。对于学校相关部门而言,要对各类体育教学活动的风险做出合理的判断,然后根据风险大小的判断建立一个可靠的风险处理机制,尽可能降低体育运动的风险。而万一发生风险,也能及时采取有针对性的手段将风险的负面影响降至最低,这对于体育教学活动的顺利进行具有重要的意义,对于学生的人身安全也具有重要的意义。

（2）风险主体的构成

一般来说，体育教学活动中风险主体主要包括两个部分，一部分是客观事物构成的安全；另一部分是教学主体导致的安全风险。针对每一种风险都有不同的处理办法。

①客观事物构成的安全风险主要是指在体育教学活动中，因周边环境问题而导致的各种安全风险。这一种风险是可以得到很好的控制的。为杜绝这一风险，体育教师可以带领学生在上课前全面检查体育器材及设备，检查教学场地内是否存在障碍物等，通过这些检查工作，及时排除风险。

②人为主体构成的安全风险主要是因教学主体自身的各种因素导致的风险，如准备活动不足、身体状况欠佳、技术动作不规范等，这些都有可能导致出现一定的安全风险。如上体操课时，学生的倒立动作不规范，没有掌握正确的技术要领而致使颈部着地，导致颈部出现伤病，这就是人为主体构成的安全风险，这一风险也可以在一定程度上得到避免，前提是教学主体要在体育教师的指导下安全地参加教学活动。

第三节　体育课程教学管理的现状与发展创新

一、体育课程教学管理中的问题与解决对策

（一）体育课程教学管理存在的问题

受各种主客观等因素的影响，我国的学校体育教学管理存在着各种各样的问题，具体而言主要体现在以下方面。

1. 管理理念较为滞后

管理理念较为滞后，落后于教学实践，是我国体育教学管理中普遍的一个问题。在体育教学过程中，如果无法做到真正为教学活动提供充足的资源及服务，只停留在理论阶段，无法将理论层面的管理制度、创新方法应用与体育教学管理的实践中，那么，这种管理在实效性方面是不理想的，这一管理行为无法使体育教学的需要得到较好满足，无法真正从思想上全面了解和认识体育教学管理体系的科学化、系统化，使得教育体制机制改革转型升级持续滞后，因此，加强体育教学管理理念的创新是非常有必要的，这对于提高体育教学管理质量具有重要的意义。

2. 管理方法较为单一

体育教学管理讲究"顺其自然",但实际操作起来却有非常大的难度。在具体的管理工作中,目前仍然存在着诸多问题,比如,多数教师缺乏主动尝试、积极创新的思想意识,固守传统的管理思维,像对待中小学生那样,对待已经成年的、有独立思考能力的大学生。这种管理方法不仅将学生的主观感受忽略掉,还一味强调管理效果的模式,借助这样的管理方法教育出来的学生容易走向两个极端:一种是对学校、教师的管理指令,唯命是从,如果没有教师的指导,他们将不知所措;另一种是产生强烈的逆反心理。这两种管理方式都是不科学的,不利于取得理想的教学效果,因此体育教学管理人员要引起高度重视。

3. 管理中师生关系不和谐

在体育教学管理系统中,教师与学生都是非常重要的主体,教学主体的发展如何将对教学质量起到至关重要的影响。在教学活动中,建立良好的师生关系有利于教学活动的顺利进行。亦师亦友的师生关系是一个最理想的关系状态,因为这样能帮助管理者、教师,倾听学生的想法、了解他们的诉求,同时,也能够让学生服从管理,减轻管理阻力。但是在实际的管理工作中,要做到这一点是非常困难的。比如,很多教师并没有耐心去开展调查、了解诉求,总是从管理者的主观角度出发,下达一些命令、安排一些任务,而忽略了学生的心理感受。由于双方角色地位、思维观念的不同,很多在教师看来理所应当、毫无难度的任务,对于学生而言却非常困难。长期在这样的教学状态下,师生关系难以获得和谐发展,不利于教学质量的提高。

4. 课堂教学形式和内容无法满足学生需要

通过大量的调查发现,目前我国绝大部分学校的课堂教学形式和教学内容都比较简单,难以满足全体学生学习的需求,这一点需要今后学校相关部门采取必要的措施和手段加以改进和完善。

另据调查,我国很多学校主要存在着两种不良的教学形式,一种是服从式教学,另一种是放羊式教学。服从式教学是指教师在课堂上讲什么,学生就学什么,服从教师的一切安排,这一教学形式比较呆板,师生之间欠缺必要的互动,学生学习的积极性不高;放羊式教学则是教师在进行必要的课前引导后,学生便展开自由活动,整个教学活动都是学生自己参与其中,教师难以发挥指导作用,这一教学形式比较散漫,课堂纪律性较差,难以取得理想的教学效果。

另外,在教学内容方面也存在过于单一的问题,我国大部分学校的体育课大都以篮球、排球、足球和乒乓球等西方竞技体育项目为主,像体育舞蹈、攀岩、定向运动等一些较新的课程仅在少数学校中开展,教学内容的单一也会在一定程度上影响体育教学的质量和效果。因此,在今后的体育教学改革中要非常重视教学内容的更新与完善,以满足广大学生的体育需求。

5. 教学场地及器材严重不足

据调查,当前我国有一部分学校还存在教学场地及器材不足的现象,这一部分的比例并不低。导致这一现象的主要原因在于学校扩招导致学生人数大幅度增加,人均场地和器材严重不足。在这样的情况下,体育教学管理的难度无疑会增大,影响体育教学的质量和效果。总体上来看,用于体育教学场地、体育器材设施等方面的投资要远远落后于其他教学设施的投资,导致现有的体育器材、体育场地不能满足这部分学校学生的身心发展的需求。对此学校有关部门要引起高度重视,今后要加大对体育教学方面的投入力度,为学生上好体育课营造一个良好的环境。

6. 体育教学环境有待完善

一个良好的体育教学环境对于学生上好体育课具有重要的作用,一般来说,教学环境主要由社会环境与自然环境两个方面组成。以自然环境为例,据调查,我国学校体育教学环境存在一定的问题。以我国北方地区为例,由于大多数的体育实践课都是在室外进行的,而我国北方气候比较寒冷,加上空气污染,对学生的身体健康非常不利,所以冬季上体育课常常会受到寒冷气候和严重污染空气的双重影响,而在春夏季,我国部分地区又有很多的沙尘天气,这也不利于教学实践活动的进行。

7. 体育经费短缺

据调查,我国大部分学校都存在体育经费短缺的问题,这一问题也是制约我国学校进一步发展的主要因素。很长一段时间以来,我国一些学校忙于扩招以及搞荣誉工程,将大部分资金都用于其他基础建设方面,忽略了体育经费的投入,在资金短缺的情况下,体育教学管理工作就难以得到顺利的开展,也就无法保证良好的体育教学质量。

（二）体育课程教学管理问题的解决对策

1. 加强教学管理理念的创新

在教学管理系统中，体育教师及相关工作人员扮演着十分重要的角色。这些人眼首先要端正教育管理的态度，遵循并贯彻"以学生为本"的基本理念，以此作为出发点和落脚点，始终保持教育管理创新的正确方向。为了让这种新型的教育理念，在学校体育教学管理中推广开来，要求自上而下的进行学习和培训，要立足于本校的实际情况和教学需要，践行"侧重个性培养，全员成才教育"的育人理念；结合各个专业的特点，主动探究和尝试新颖的教学理念，在"试点应用—全面推广—总结提升"的过程中，形成一个具有学校特色的体育教学管理模式，从而提升教学管理效益，促进体育教学质量的提高。

2. 加强教学管理方法的创新

近些年来，我国学校不断扩招，学生人数不断增多，这为学校体育教学管理带来了一定的难题。面对这样一种形势，为了适应体育教学发展的需要，创新体育教学管理方法就显得势在必行。对于学校中的管理者、教师等，都必须要形成强烈的危机意识，增强学习能力，主动学习省内、全国其他学校在创新体育教学管理上作出的大胆尝试、获得的成功经验，然后取彼之长、为我所用，让体育教学管理再上新台阶、再创新辉煌。可以通过引进激励机制，采取"物质奖励 + 精神激励"相结合的模式，来激发体育教师创新体育教学管理模式与方法的积极性，从而创新出新的符合学校教育要求的体育教学管理方法。这一点非常重要。

3. 在管理中建立和谐的师生关系

大量的实践表明，建立良好的师生关系对于教学活动的开展以及教学质量的提高都具有重要的作用。因此，在体育教学的管理中，就需要将建立和谐的师生关系作为关注的重点之一。因为只有教师愿意倾听学生的诉求，管理才会更有针对性；只有学生愿意服从教师的指令，管理才容易取得更好的成效。

作为一名体育教师，要在平时的教学工作中积极接受严格的培训和考察，综合提升自身能力，从而能接任岗位，并定期对其进行考核，保持不断学习的工作状态。采取奖惩制度，对于表现优秀的管理人员，要予以晋级的机会，把管理者的工作能力与其薪资待遇和未来规划联系在一起，在内部形成良性竞争，促使管理人员不断进步。唯有如此，才能激发体育教师创新体育教学管理的动力,提升自身的综合素质,促进学校体育教育的健康发展。

二、体育教学管理的发展与创新

当前我国学校体育教学管理还存在不少问题,在解决这些问题后,还要考虑如何发展和创新,这一点非常重要。

(一)针对具体的教学实际建立一个科学的网络管理系统

依据体育教学的目标,制定完善的体育教学大纲,在新生入学后每人发放一本体育《选课手册》,同时,还要将所有任课教师的简介、照片、专业特长和开设课程等信息通过各种形式展出来,做好定期或者不定期的现场咨询活动,学生可以通过现场或者网站的形式来对体育课程的详细情况加以了解,从而了解相关的体育课程和教师情况。需要强调的是,体育成绩评定程序化,教学内容为单元模块,在每一单元教学中由任课教师给出成绩,登入学生选课手册,最后通过教务处成绩管理系统进行成绩录入,从而使成绩评定的公开、公正、公平得到保证,也为下一阶段的体育教学的开展提供必要的依据。

(二)建立一个弹性管理体制

目前,就学校开展的体育教学课的内容而言,融健身、休闲、娱乐为一体的运动项目是学生学习和掌握的理想选择,但是,这种期许却面临着这些项目消费相对较高而学校体育经费投入极其有限的矛盾。

调查发现,对于收费的项目,大部分学生是能够接受的,而且还出现了收费项目人气更高的现象,由此可以看出,健康消费已经渗透到学生的思想中了。但是,毕竟学生还没有收入能力,这就要求学校在开设的健身项目中,适当调整管理机制,更好地为学生参与健身活动提供有利条件。

(三)成立学生体质健康测试中心

全面实施"教测分离",以新《纲要》和《标准》精神为主要依据,对学生的体质进行定期测评,但是,由于受到一些因素的制约,比如,学生专业相对分散、时间不好集中等,就需要建立专门的体育健康中心,这是非常重要且必要的。

对于学生而言,他们测试的时间是较为自由的,通常可以在课余时间进行测试,这样也会使教师的课堂教学压力减小。健康中心的职责远不仅这些,其还要负责全校学生的健身、健心咨询,做好运动处方的制定等工作。因此成立一个完善的体质健康测试中心是非常有必要的。

第六章 创新教育理念下体育课程
教学活动及质量管理

在创新教育理念的影响下,体育课程教学有了一定的发展。体育课程教学活动,是体育课程建设中的一个重要组成部分,其教学活动的开展,会对体育课程建设产生重要影响。因此,保证体育课程教学的顺利开展是非常重要的。另外,体课程教学管理也是非常重要的,其是体育教学管理的重要内容之一,本章主要对体育课程教学活动及教学质量的管理进行了分析和研究,由此,能够对体育课程教学管理有一个初步的了解和认识,这也为后面更为具体的体育课程教学管理奠定了基础。

第一节 创新教育理念下体育课程教学的顺利开展

在创新教育理念的影响下,体育课程教学也有所发展和完善,体育教学管理工作的实施,主要是为了保证体育课程教学的顺利开展。体育课程教学工作本身就是处于中心地位的一个方面,体育课程教学管理又是学校的中心管理,学校的其他工作都是围绕它展开的。因此,搞好体育课程教学工作管理,是有助于体育课程教学的整体发展的。

要保证体育课程教学的顺利开展,需要从教学准备、教学实施和课程结束之后的检查与评估反思(图6-1)。

一、体育课程教学准备管理

体育课程教学的课前准备是处于最基础的地位的,由于教学涉及到教与学两个方面,即教师的教和学生的学,因此,这体育课程教学准备阶段,也涉及两个方面:一个是教师备课,一个是学习预习。这两个方面都是不可或缺的。

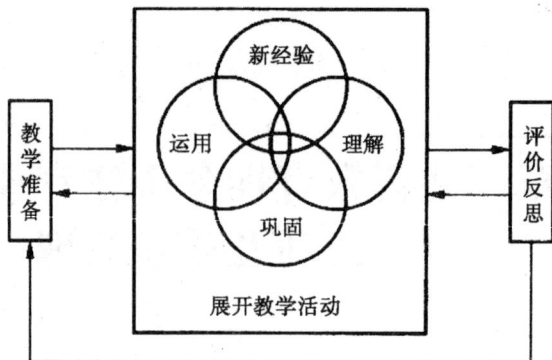

图 6-1

（一）教师备课

备课就是教师根据教学大纲的要求和体育课程的特点，与学生的具体情况相结合，选择最合适的表达方法和顺序，使学生有效地学习得到有力保证。从教师自身的角度来说，认真备课是上好课的前提，也是加强教学的预见性和计划性，充分发挥教师的主导作用的重要保证。

具体来说，体育教师在备课时，需要做好多个方面的工作，主要涉及以下几个方面。

1. 认真钻研教材

首先，体育教师一定要对教学大纲（课程标准）进行深入细致的研究，然后结合体育学科总的教学目标及各单元、本节课的具体教学目标，对教学的基本要求有一个充分的理解和认识，也能准确把握对教材的体系范围与深度。

其次，体育教师对教材的钻研，还体现在多项教材的重点与难点，以及其前后的联系上面，钻研结束后，还要做好总结工作。

2. 深入了解学生实际

学生作为体育教学的主体，是体育教学开展需要围绕的中心，因此，对学生知识基础、身体健康状况、认知能力、运动能力水平，以及学习态度兴趣需要及个性特征等实际情况加以了解并熟练掌握，在此基础上，开展体育课程教学，才能取得理想的教学效果，对学生产生积极影响。

3. 选择合适的教学方法

在对教材有深入研究，明确教学任务，充分掌握学生实际情况，具备充足适宜的场地器材的基础上，要将合理的体育课程教学的方法选择并确定下来,与此同时,还要将教学活动的类型和结构确定下来。

4.编写教案

教案,也就是课时计划,它是教师进行课堂教学的直接依据。因此,教案的编写至关重要,一定要保证教案的质量和可行性。具体来说,编写教案的具体流程有以下几方面。

第一,要根据教学大纲的要求和学校的有关规定进行编写,这是最基本的依据。体育教师要以学生的体育基础、体育骨干、伤病情况等实际情况为依据来备课,同时,也不能忽视了场地、器材的实际情况等,并如实详细记录。

第二,注意教案的编写要具有规范性,要根据侧重点保证详略程度的适宜性与合理性。

第三,教案编写的文字要做到精练、准确,教法运用要保证正确性。

5.准备场地器材

场地器材,是体育课程教学活动开展必不可少的重要物质基础,关系着体育课程教学活动能够顺利开展。在体育课程教学活动之前,体育教师应自己或组织学生帮忙准备好场地、器材。另外,教师还要按照体育课程教学活动的实际情况和需要,对场地进行认真的规划,对器材进行科学的布置。

(二)学生预习

对于教师来说,准备工作是备课;而对于学生来说,其准备工作就是预习。通过预习,能够使学生对教材内容作预先的学习,对教材中的主要内容及其重点、难点加以了解,这样,就能够对上课过程中涉及的内容了然于胸,对学习的重点有准确的把握,加快掌握动作技能的速度,使学习效率也大大提升。

二、体育课程教学实施管理

体育课程交货准备阶段结束之后,就要正式实施了,这一阶段的工作主要有以下几个方面。

(一)明确教学目标

体育教师要以《体育(与健康)课程标准》为参照依据,同时将具体的教学内容和学生的实际情况相结合,以此来将体育课程教学目标明确下来,这样做,也能让学生从心理上做好要完成的学习任务方面做的准备。体育课程教学目标,会指着这体育课程教学的整体前进方向,在教学过程中,师生双方应紧紧围绕教学目标进行活动。

（二）体育教师的上课管理

在体育课程教学活动中,体育教师具有双重身份,即教学者与管理者,因此,上课管理是将体育教师的这两种职责充分结合起来的重要体现,做好上课管理对于教学质量的提升有至关重要的作用。

体育教师对体育课程教学活动的管理,涉及的工作内容比较多,比如,体育课程教学常规的建立,思想政治工作的开展,如何将学生学习的积极性调动起来,上课时在分组上要保证合理性,选择并运用好适宜的教学方法、手段,在运动的强度、密度等方面要进行准确把握和适度调整,保证场地器材的科学合理运用,做好安全保护措施,除此之外,还要对教师和学生的服装要求加以监督等。

（三）把握好调控的力度

从体育教师的角度来说,调控教学对于体育课程教学活动的开展是有着非常大的影响的,要做到对调控工作的准备把握,需要对以下几点加以注意。

第一,在对教学时间进行分配时,要充分考虑到体育课程教学内容的难易程度及价值,保证分配的科学性。

第二,首先要将启发式教学思想确定下来,然后在其导向下,对体育教学方法加以选用。

第三,体育课程教学活动中,往往会存在"吃不饱"和"吃不了"的矛盾,要处理好这一对矛盾,首先要对学生的年龄特征和个别差异有准确了解和把握,同时,在教学进度上也要有准备掌握。

第四,对于学生来说,有效学习是其理想目标,这就需要对学生掌握运动技能的效果和程序加以了解,在此基础上,还要根据完成动作情况来对教学进程进行适当调整,以达此目的。

（四）师生之间积极互动

体育教师在体育课程教学活动中具有重要的主导性作用,学生则处于主体性地位,两者相结合,才能保证体育课程教学活动的顺利开展。具体来说,要保证体育课程教学活动的开展效果,就要求体育教师应从自身出发,努力提升自身的教学积极性,并善于创设良好的课堂气氛,以此来将学生学习的兴趣充分跳动起来;与此同时,学生要按照教师的指引,积极认真地学习,将自身的主观能动性充分发挥出来,以使学习效果最佳化。

三、体育课程教学检查与评价反思

在体育课程教学活动中,检查与评价反思是最后的一个阶段,这一阶段也是非常重要的,不可忽视。检查和评价反思在体育课程教学活动中的功能和意义体现在两个方面:一方面,是进一步巩固所学体育知识、运动技能;另一方面,是获得学生掌握运动技能的反馈信息,发现体育教学过程中所存在的不足,为及时采取相应的补救措施提供一定的便利。

检查最终的教学效果就是为了对教学效果有也一个全面且充分的了解,采用的方式主要有教师观察、身体素质测定、运动技能展示等,检查的内容则包括体育基本知识、运动技能的掌握情况、学生在体育教学比赛中综合运用运动技能的能力,以及体育教师业务水平的提高程度等各个方面。这也是保证教学效果全面性的一个重要方面。

评价反思对于体育教师和学生来说是体育课程教学活动中不可或缺的重要环节。教学评价反思,具体来说,就是体育教师以学生对新知识、新技能的掌握情况为依据,来对教学目标的达成情况进行判断,然后确定要采取的补救措施或者对既定措施加以适当调整,同时,学生也要做好自我监控工作。除此之外,教师和学生都需要反思体育课程教学活动,通过对自己在教学过程中的行为、取得的最终效果以及这样做的原因、理想方法或策略的选择等内容进行反思,来有效促进理想教学效果的实现,这也能使教师的教学能力和学生的学习能力得到有效发展和提升。需要注意的是,在体育课程教学活动中,评价反思是一个相对独立的环节,同时又贯穿于整个教学过程中。

第二节　创新教育理念下体育课程教学管理的方法研究

体育课程教学管理方法是体育课程教学管理中一个重要的组成部分,其取决于既定的管理目标。受创新教育理念的影响,体育课程教学管理方法也有所发展和完善。

一、体育课程教学管理方法的含义

体育课程教学管理方法,可以将其理解为一般管理方法在体育课程教学领域及管理活动中的具体化。但是有一点要强调,体育课程教学管理不是其一般性管理方法的复制与翻版,而是有其独特个性的。

具体来说,所谓的体育课程教学管理方法,就是指在体育课程教学管理活动中,为实现体育课程教学管理目标而采取的工作方式。简而言之,体育课程教学管理方法,是课堂教学活动中教师为履行管理职责、发挥管理功能,作用于学生,协调教师与学生之间的关系、保证课堂教学活动顺利进行,而采取的专门方式、手段和途径及其程序的总和,其是在体育课程教学管理目标的指引下进行的。

体育课程教学管理方法的多样性和灵活性的特点是较为显著的,其需要考虑的因素有两个方面:一个是体育课程教学活动中教师和学生的思想情绪反复变化,随机性大;一个是脑力劳动过程和成果模糊性等。这些特点能够在体育课程教学活动中将学生的自觉性、激情和热情充分激发出来,使教师和学生的积极性都得到有效提升。

二、体育课程教学管理方法的功能

(一)培养和提高功能

体育课程教学管理方法的培养和提高功能,主要体现在体育教师身上。教师在体育课程教学活动中是作为管理者和教学者来同时存在的,因此,就要求教师的分析决策能力、组织实施课堂教学能力、控制协调课堂教学活动能力等都要具备。教师自身的知识储备、智慧和经验,都会影响到体育课程教学管理能力的提高,但这只是为其有效地在体育课程教学中选择和运用科学管理方法提供了先决条件,要培养和提高教师的管理能力,学习并且在实践中运用管理科学理论及其所阐述的科学的管理方法,进而在体育课程教学实践中培养和提高自己的管理能力,才是根本。从某种程度上来说,选择和运用体育课程教学管理方法的过程,也是培养和提高教师体育课程教学管理能力的过程。

(二)连接和沟通功能

体育课程教学管理活动的连接和沟通功能,主要体现在教师与学生之间的联络上。从本质上来说,体育课程教学管理活动,就是管理者与被管理者之间的一种交互活动,即教师与学生之间协调和联络的一种形式。

体育课程教学活动的顺利进行,必须由教师在体育课程教学中组织贯彻实施相应的课堂教学方针和计划,必须落实到作为组织成员的学生的实际活动中,而这一切都必须要体育课程教学管理方法的参与才能顺利进行。可以说,体育课程教学管理方法是体育课程教学活动的中介和枢纽,是教师与学生之间在课堂教学活动中身心都得到协作的基本通道。

（三）规范和调节功能

体育课程教学管理,就是要保证体育课程教学活动开展秩序的规范性,使管理目标尽快达到,教学效果最优化。在体育课程教学活动中,管理就是要按照既定的规矩来执行,否则,就无所谓管理了。某种意义上来说,规矩是体育课程教学管理中手段和方法的体现,其主要目的是有效地规范和调节教师、学生和师生之间在体育课程教学活动中的行为,从而使体育课程教学有序的进行和体育课程教学目标的高效达成得到保证。

（四）创造和增效功能

体育课程教学管理活动的创造和增效功能,主要从方法的运用效果上得以体现,具体来说,能够使教师和学生的体育课程教学活动和活动过程的相互关系更加协调,教师和学生之间一些摩擦得到缓解和减少,体育课程教学活动的有序化程度和课堂教学目标的达成度有所提升。这些都得益于体育课程教学管理方法的灵活运作。然而,在体育课程教学活动过程中,所采用的方法和手段并不是时刻都能发挥出最优化的效果的,这就需要将体育课程教学管理的增效功能发挥出来,保证效益尽可能得到优化。

三、常见的几种体育课程教学管理方法

（一）说服方法

从实质上来说,说服,在体育课程教学活动中就是一个摆事实讲道理的活动。

首先,要将何谓说服明确下来,即以合理的阐述引导、启发学生的态度或行为趋于预期的方向。在教育教学的活动过程中,说服就是教师通过摆事实讲道理,借助言语、事实和示范,把外在的社会角色规范,内化为说服改变对象的道德认知,从而改变其态度或使其行为趋于预期目标行为的活动。说服活动具有言语刺激、就事论理的显著特点。以理服人,并且力求引导、启发或改变对象,提高接受改变影响和进行自我改变的自觉性,重在强调信服而不是压服,是一种利用言语方式的沟通方法。它是体育课程教学活动过程中,教师人际技能运用最为常见的管理方法之一。

在体育课程教学活动中,要将说服的方法利用好,需要做到以下几个方面的要求。

首先,教师必须要有自身坚定的立场。这是一个教师自信心和权威性最直接的体现。比如,体育课程教学过程中,学生出现不当的行为,这是,教师就需要从自身的角度出发,将学生如此行为所带来的不良影响描述清楚,从而使学生的不良行为得到改变。

其次,给学生有感情的回应。这是说服中对说服对象所应当有的态度。有感情的回应,首先必须是积极回应,这对于敞开师生沟通的渠道是非常有帮助的,由此以一种双方都接受的方式理解和解决课堂教学活动中出现的问题。

最后,教师要具有过硬的说话艺术。具体来说,是指寻找适当的说话契机,通过各种方式将学生的话题打开,选择合适的说服谈话地点与场合并加以利用,要对学生的意向有充分把握,除此之外,对说服内容分量的掌握也是至关重要的。

(二)制度约束方法

众所周知,各种竞赛都是有其各自的规则的,对于体育课程教学活动来说,其顺利开展也需要一定的活动规则来加以约束。规章制度在体育课程教学活动中,能够使教师顺利进行知识传授得到维护,同时,也可以使学生有个良好的教学环境学习有所保证,为体育课程教学中的每个成员提供了一定的行为规范。

在体育课程教学管理活动中采用制度约束方法,首先要确定好的规章制度的标准,即具有合理性、、可操作性、灵活性以及清晰明确特点的规章制度。这就要求一定要有计划、有耐心地去制定规则制度。对于教师来说,在体育课程教学管理过程中采用制度约束法,为了保证效果,有两个方面的问题要加以注意。

首先,要让学生能够对自己的行为负责。教师要尽早将体育课程教学管理的规则制度制定出来,并且向学生解释清楚,便于学生顺利执行。

其次,教师在制定体育课程教学管理的规章制度时,为了避免不必要的解释和争论,可以邀请学生一起参与到规章制度的制定工作中来,同时,这样做也能使学生能够积极主动地遵守其参与制定的规章制度中,提升规章制度的科学性、可行性,保证理想效果。

（三）集体教育方法

集体教育方法也是教师在体育课程教学活动中最常用的管理方法之一。

体育课程教学活动中,教师使用集体教育的管理方法就在于集体教育通过集体成员之间的交往能产生巨大的教育力量,既可以使教师有效地组织管理好课堂教学,又可以帮助学生在课堂教学过程中能愉快地学习知识。

在体育课程教学活动中,集体教育的正确导向主要来源于教师的引导和监督,这样能使集体自身发展的方向的正确性得到保证,有效满足集体成员个体需要,顺应体育课程教学活动的要求和整个教育的要求,在这两者之间,教师找到了发展的结合点,由此能够促使两方面同等进步。

（四）自我管理方法

这里所说的自我管理方法,主要是针对教师自身来说的。在体育课程教学活动中,教师是作为管理者来起到重要的主导作用的。教师的自我管理,其水平制约着整个课堂教学的管理水平。

通常来说,体育课程教学管理活动中,教师的自我管理,主要包括三个方面,即意识自控、情感自控和行为自控,具体如下。

1. 意识自控对教师的要求

美国心理学家林格伦曾强调指出:"一个教师在教室里所要了解的第一件事就是了解他自己和他周围环境的心理因素和力量。"倘若教师对自己的教学表现没有充分的了解,在教学风格的控制和调节上缺乏灵活性,那么,其体育课程教学活动的组织工作就不会很好,最终影响教学效果,由此可见意识自控的重要性。

2. 情感自控对教师的要求

教师的情感会对体育课程教学活动的很多方面都产生影响,包括其教学思想和语言的表达,以及学生的听课情绪和思维活动的积极性。因此,善于情感自控,是教师基本的职业修养。为此,就要求教师必须做到以下几个要求。

首先,要控制好自己的情绪,尤其不要将消极情绪带到课堂上。

其次,在教学过程中,学生难免会提出不同的观点或者发泄情绪,这时候教师要注意不要让学生的情绪左右自己的情感。教师应当学会自制和忍耐,以避免无益激情的爆发,减少教育失误。

最后,教学过程中,必然存在着优等生和差生,教师要注意一视同仁,不能存在偏见和偏爱,让每一个学生都能感受到教师的尊重和信任,使每一个学生都能抬起头来走路。

3. 行为自控对教师的要求

在体育课程教学活动中,教师的教学语言、教学组织、板书示范、实验操作、表情姿势等,都属于其行为的范畴,行为自控对教师的要求主要有以下几点。

第一,教学语言方面,要做到准确、精炼、简洁、规范,音量高低适中,语速快慢适宜,传授的教学内容要正确且准确。

第二,教学组织方面,要做到环环相扣,循序渐进;疏密相间,重点突出;动静搭配,新颖有趣,形成有规律的节奏,易于学生接受。

第三,板书示范、实验操作要做到规范、准确,步骤清楚。

第四,表情姿势要适度,自然、大方、柔和,并与口头语言所述的情、景、形相统一,相谐调,使言语表达的生动性和感染力得以增强。

总的来说,教师良好的意识自控、情感自控和行为自控,既是教师进行体育课程教学自我管理的主要内容,也是集中学生注意力、安定学生听课情绪、激发学生思维积极性、保证课堂秩序的关键所在。

(五)目标激励方法

体育课程教学管理目标,本身就是一种特定的要素,其对整个体育课程教学产生重要的影响和作用,主要表现为导向、激励、调控和评价等。要强调的是,这个目标的制定,一定要和教学目标、素质结构相互衔接、相互贯通,其包含的内容非常宽泛,比如,学科的知识、能力、学法等认知因素,再如,品德、兴趣、需要、动机、情感、意志、习惯和态度等非认知因素,都属于其内容范畴。

在制定体育课程教学的目标时,首先要注意课堂教学结构、流程、技巧和气氛等显性指标,与此同时,其环节、质量、效率等隐性指标也不能忽视,因为教学目标对管理目标起到重要的决定性影响,管理目标的制定要以教学目标为依据来进行。

在编制体育课程教学目标时,要运用到多方面的原理,比如,系统论、控制论等,如此一来将体育课程教学制定成目标体系,列出体系纲要。与此同时,教师、教材和学生三者之间的关系也是应该被重视并处理好的一个重点,使体育课程教学目标成为大纲、教材和教师教学风格、学生现有基础的最佳结合点。因此,教师作为管理者,要明确提出体育课程教学管理目标,师生对管理目标认识得越明了、越确切,就越能激发师与生的教与学积极性,这一目标是相互性的。

在体育课程教学活动中运用目标激励方法,要求教师要做好三个方面的工作。

1. 目标设置

注意所设置的目标首先要考虑学生的实际情况和接受能力,确定其是近期目标还是长远目标,是阶段性目标还是最终目标,是宏观的还是微观的,挑战的难度有多大,等等。

2. 目标责任

在体育课程教学活动中,学生必须认真对待目标并专心致志地想方设法去达到这些目标,作为管理者的教师,与学生协商目标的设置并提供指导,以激励他们思考自己的学习潜力。要达到这一目的,可以通过两种方法去达成:一种是列出潜在的目标并叫学生致力于实现某种目标,一点点地去完成,要注意,这种方法对学生和教师的努力程度要求非常高,期望的效果与努力效果是相关的;另一种方法是拟订合约,学生正式订立某种努力水平的承诺或以完成情况换得具体的分数或奖励。这种办法的效果比较好,但对时间的要求比较高。这就要求教师也根据实际情况和需要加以选用。

3. 目标过程

在体育课程教学活动中,学生是需要教师对其学习行为的优点和缺点做出具体的、细节的反馈。他们在不断实现目标过程中可能会对自己什么时候在什么地方做得不好或有没有按照事先协商的来努力学习,只有模棱两可的感知,所以他们不但需要一般的反馈,而且还需要可以准确用来描述他们的表现的概念和语言。这就要求教师对学生的具体回答的反馈要保证准确性,但评价语言应以鼓励为主,如果有错误需要学生认识到并要求改正,教师就要具体指出来。

（六）情感激励方法

实践证明,学生的积极性与情感之间是有着密切关系的。情能动人,更能对人起到激励作用。因此,教师在体育课程教学过程中,注意对学生的内在动力进行有效挖掘,将学生的意志行为充分激发出来,善于用真实的情感去激励每一位学生成长进步,必会取得事半功倍的效果。

体育课程教学管理,本身就是一种教师与学生的双边交流活动,它的成效是应该依靠富有情感的交往的。如果一个教师能够精通并善于体育课程教学管理,同时还能做到与学生感情融洽、心灵相通,那么,管理者与被管理者双方知识信息的最有效传递与反馈就能顺利实现,管理的最佳状态也能有效达成。为此,课堂教学管理中的人际交往,必须是民主、平等、合作的关系。作为管理者的教师应该以平等的态度对待学生,以民主的方式管理和指导体育课程教学。

作为管理者的教师,在体育课程教学管理活动中采用情感激励方法,要善于采取策略,营造课堂群体心理气氛,形成课堂教学情感交融的效应。具体来说,要从以下几个方面着手。

1. 教学民主,尊重信任

学生,正处于自尊心很强,渴望得到人们的尊重,承认其个体的存在的年龄阶段。对此,教师要多给以理解和尊重,因为尊重本身就意味着要求。教师要在严格要求学生的同时,还要热爱、尊重学生。只要细致、耐心地循循善诱,就会引发他们积极向上的愿望,在此基础上,教师提出的要求不论多么严格,学生都易于接受。

2. 情感投入,心态调控

师生之间的情感交往是师生心理双向交换的动力和支柱。深沉殷切持久的师爱是形成良好课堂气氛的基本条件。情感协同效应的形成,是教师理智闪光和情感投入的有机结合,同时,使采取的态度和方法与学生心理情感接近或相容,形成与学生和谐共振的情感基调。

（七）榜样激励方法

榜样的力量是无穷的,一个好的榜样就是一面旗帜。它具有形象性、感染性、权威性和可信性等显著特点。通过榜样,能够将外在激励转化为学生内在的激励,成为他们前进的动力,或者终身的楷模。由此,可以将榜样激励法理解为:引导学生选择好的榜样,指导学生学习好的榜样,从而促进学生进步和成长的一种积极性方法。

将榜样激励方法应用于在体育课程教学管理中,其会通过榜样的示范来规范、引导学生的行为,激发学生奋发向上,在整个班集体育课程教学活动中形成合力,以求达到预期的体育课程教学管理成效。在体育课程教学管理中,所谓的榜样有两个方面,一个是教师的榜样作用,一个是学生的榜样作用,两者都是非常重要的,不可被替代。

1. 教师的榜样作用

子曰:"其身正不令而行,其身不正虽令不从。"这就将身教的重要性和榜样力量无穷的道理充分体现了出来。由此可见,教师形象的好坏会对学生是否能健康地成长,是否能在课堂教学活动中获得充足的知识产生直接的影响。教师对学生的影响,不仅体现在言传上,身教的作用也同样不可忽视。

实践证明,身教是无声的教育,也是最民主的思想教育。在体育课程教学活动中,运用教师自身作为榜样来激励学生,能够达到体育课程教学活动有序地进行的目的。要强调的是,这种榜样效应不带任何强制性,完全是用示范作用来影响和提高学生的道德品质以及增强学生的求知渴望,具有极大的感染力,从而达到激励的作用。

2. 学生的榜样作用

学生与学生之间在各方面都存在着或大或小的差异,但是,并不是所有的优势都集中的某些学生身上,每个学生身上都可能有闪光点和优势。这就要求教师通过积极的引导和鼓励,让学生能够发现身边同学的优点,并以此为榜样来激励自己。但是在体育课程教学活动中使用这一激励方法时,为保证效果,有几个方面需要加以注意。

(1)要对学生心理的比较心理加以注意。要保证对学生进行客观实际的比较,而不是绝对比较,否则会起到适得其反的作用。

(2)要将学生的向上动机充分利用起来。每个学生都有一种或强或弱的向上性动机,他们总是乐意向自己敬佩的人学习。在体育课程教学活动中,要求教师善于"因其势而利导之",保证学生动机的正确性。

(3)注意使学生的合理需要得到满足。在体育课程教学活动中,所有的学生都会为了满足个体发展中的各种需要而奋发向上。但是,学生是具有个体性差异的,因此,就要求教师在满足不同学生的需要时,要遵循因地制宜、因人而异的原则,切记不可千篇一律,无的放矢。

(4)注意处理好榜样学生与一般学生之间的关系。在体育课程教学活动中,要鼓励学生学习榜样,成为榜样,从而促使学生在体育课程教学活动中对荣誉感和小小的成就感有更加深刻的体会,对学生的学习和发展也会起到积极的促进作用。

（八）分组控制方法

控制是管理过程中的重要职能之一,它意味着对组织成员的活动进行监督,判定组织是否正朝既定的目标健康地向前发展,并在必要的时候及时采取矫正措施。所谓的分组控制方法在体育课程教学管理中是应用也非常重要,通常用于学生分成若干小组进行讨论学习的情况下。

教师要想在体育课程教学管理中,恰当运动分组控制的方法,需要对以下几个方面的事项加以注意。

首先,要做好教室布置管理工作。在体育课程教学活动中,教师要将学生进行小组的划分,然后以小组为集体的形式对本节课所学的知识点进行讨论,该方面的布置是实施分组控制方法的重要前提条件。

其次,要做好集中小组注意力的相关提示工作。学生在以小组为集体的讨论、学习过程中,难免会受到其他小组的影响,这就要求教师必要的时候,通过各种方式和途径,来有效提示学生集中注意力,专注自己的事情。

最后,要做好提高小组内合作和互助管理工作。当小组或者小组内成员的成果或行为得到了组外人员的认可,组内就会产生积极的合作和互助,这样不仅能对整个小组和小组成员的良好表现起到促进作用,还能有效增强小组的凝聚力,有助于教师体育课程教学活动的有效管理。

第三节　创新教育理念下体育课程教学质量的管理研究

所谓的教学质量,就是指教学活动或现象满足某些明确或隐含需要的特性。通过总结,将对体育课程教学质量的研究与剖析观点归纳为:体育课程教学教学质量主要是指教学的结果质量,即学生质量;教学质量主要包括教师的教学工作质量和学生的学习质量,它主要表现在强调学生质量和强调教师教授质量两个方面,其中,对教学质量的好坏起到决定性作用的是教师的教学决定;体育课程教学教学质量应包括投入、过程和产出三个方面。

一、体育课程教学质量管理的涵义

体育课程教学质量,所指的是学生经过一定期限的学习后所应达到的规格要求。而体育课程教学质量管理,则是通过一定原理和手段的运用,来合理协调和利用参与教学活动的各种因素,有效控制体育课程教学过程的各个环节,最终达到预期的质量标准,实现学校教育目标的一种管理方法。

很显然,体育课程教学过程管理是包含教学计划管理和教学质量管理两个方面,缺少其中一个,体育课程教学过程管理就是不完整的。

加强体育课程教学质量管理,首先要在观念上明确以下几个方面的重点。

(1)对体育课程教学质量的认识应该是全面的、完整的。

(2)对体育课程教学质量问题的认识应该从教与学两个方面来进行。

(3)体育课程教学质量管理的受众是全体学生,切忌只针对少数拔尖学生。

(4)体育课程教学质量管理是一种全过程的管理。

(5)要确立全员体育课程教学质量管理的观念。

二、体育课程教学质量的主要内容

体育课程教学质量的内容主要有三个方面,即条件质量、过程质量以及结果质量。

(一)条件质量

1.硬件条件要符合标准

首先规定必备的硬件一定要达到相关的标准要求,否则,人才培养的质量就难以得到保障。为此,就要求在体育课程教学质量管理中必须加强对体育教学教学条件的管理。具体而言,质量管理的标准主要包含六个方面,即教学"三项面积"(教室、图书馆、实验室)标准、"六项教学经费"生均标准、图书馆藏书生均标准、学生宿舍面积生均标准、教学仪器设备值生均标准、体育设施生均标准等。

2.要做好体育课程教学基本建设

课程建设、教材建设等都属于体育课程教学基本建设的范畴。电子教材、网上教材等方面的探索与应用也要加以注意。

3.要做好班风建设工作

班风是提高体育课程教学质量的重要保证。班风建设质量的好坏会影响到体育课程教学质量和教学水平,学生的学习风气、学习态度的优劣是班风建设的根本问题,教师从严治教、为人师表是班风建设的重要方面,要高度重视。班风具体可以分为学风、教风、考风几个方面。

（二）过程质量

教学过程的质量,实际上指的就是平时所说的教学质量,其所强调的重点为理论课和实践性教学环节的动机和效果的一致性。对体育课程教学过程质量产生影响的因素具有显著的复杂性特点,其表象的直观性也非常突出,但其原因却是隐性的,牵涉到很多因素,比如,课程体系的合理性、教学大纲的适用性、教师的教学态度、备课充分的程度、教学的针对性、教学手段和方法的合理性、学生学习的态度、学生学习的能力、考核方法对学生的影响力以及教学保障体系是否正常运转等。其中,从根本上产生影响的主要是教师的教学态度、投入程度以及学生学习的自觉性。具体来说,要做好体育课程教学过程质量管理,需要从以下三个方面着手。

（1）要使各个教学环节的教学管理的规范性得以保证。

（2）将教学主要环节的管理作为关注的重点。

（3）要加强薄弱环节的管理。

（三）结果质量

在关注体育课程教学时,必须要对体育课程教学结果质量加以关注,这是不可或缺的重要部分之一。可以说,提高体育课程教学结果质量是提高整个体育课程教学质量的重要基础。在评价体育课程教学结果质量时,需要从以下几个方面着手进行:一是师生关系的融洽性;二是教与学的沟通性;三是要注意科学性与实用性的融合,不但要丰富学生的知识储存,还要开拓他们的思路,不仅能用,还能会用;四是要求教师运用各种教学艺术,精心组织教学,便于学生的消化和理解。

三、体育课程教学质量管理的要求

（一）教学质量管理处于体育课程教学管理的核心地位

教学质量的高低,能够综合反映出体育课程教学管理水平。体育课程教学管理所管理的内容主要为教学质量,是为了教学质量的提升做准备的。教学质量的管理在整个体育课程教学管理中处于重要的核心地位,管理者要在正确的教学质量观的指导下,根据一定的教学目的,通过质量标准的参考,来对影响"教"与"学"的各种因素进行检查、分析与控制,从而使教学任务的全面完成和教学质量的全面提高得到有力保证。

（二）体育课程教学质量观和质量标准

1. 体育课程教学质量观

所谓的体育课程教学质量观,就是指对教师教学优劣程度的总体性的看法和认识,其能够将管理者的教育思想水平反映出来,同时,其在整个体育课程教学过程还起着重要的导向作用。

管理者的教学质量观不同,检查评价教学质量的标准就不同,对教学过程产生的影响也就不一样。因此,树立正确的教学质量观是科学地实施教学质量管理的重要前提。

正确的体育课程教学质量观应是全面的质量观。它具体表现为:对教与学两方面质量的整体认识;对教学促进学生个体发展的全面评价;对教学质量评价要面向全体学生。

2. 体育课程教学质量标准

教学质量标准有总体标准与具体标准之分。

（1）总体标准

体育课程教学质量总体标准是学校教学的培养目标,是具有普遍性和方向性的质量标准。体育课程教学质量总体标准是体育课程教学质量管理应该遵循的根本原则和最高依据。

（2）具体标准

体育课程教学质量的具体标准有三个方面:第一,是各学科各年级的质量标准;第二,是教学过程中"教"的质量标准;第三,是教学过程中"学"的质量标准。

通常情况下,可以将体育课程教学质量标准体系分为纵向质量标准、横向质量标准和综合性质量标准三个方面。

四、体育课程教学质量管理的方法

关于体育课程教学质量管理的方法，主要从教师的角度出发，来归纳总结相应的管理途径与方法。

（一）体育课程教学的组织工作要严谨

所谓的体育课程教学组织工作，就是要把学生的目光、注意力、情绪、思维集中到体育课程教学上来。某种意义上来说，其既是一种约束力，又是教师为学生创设良好的学习环境，使教学过程有条不紊顺利进行所营造的良好氛围。

在体育课程教学活动中，学生出现的不同程度的注意力转移都会对教学任务的顺利完成和课堂教学目标的实现产生重要影响。因此，做好体育课程教学的组织工作，维持良好的课堂气氛，既是有效完成教学任务的基础，也是提高教学质量的重要手段，同时，还是教师责任心和组织能力的具体体现。

具体来说，体育课程教学的组织工作并不是简单的命令，而是积极有效的诱导，可以从以下三个方面得到体现。

（1）课内问题课前解决，每次课前认真备课。保证授课内容的思想性、科学性、正确性。

（2）对体育课程教学过程要有全面调控的能力，做到周密思考、张弛有致、紧凑有序。

（3）将体育课程教学的规范性与学生个性的关系处理好。

（二）体育课程教学用到的语言要具有艺术性

艺术性语言能够将学生的注意力最大程度地吸引过来，同时，还能将学生的求知欲望有效激发出来，积极引导他们步入知识的殿堂。要达到这一目标，就要求教师在教学时也要用艺术性的语言。具体来说，要满足以下三点要求。

1.语言要做到准确干练

具体来说，就是既有严密的科学性和逻辑性，又通俗易懂，言简意赅，连贯适中，承上启下，生动有趣，引人入胜，富有感染力和吸引力，从而紧紧抓住学生的注意力。

2.语言要亲切温和

教师应吐词清楚,速度适中,语气中宜亲切、慈祥、温文尔雅,富有亲和力,使学生能感受到师生间的友爱。同时,还要以体育课程教学内容和学生反应为依据,发挥抑扬顿挫的作用。

3.语言要幽默

因为幽默的语言是富于感召力、增强亲和力的,能够起到有效调节体育课程教学氛围的作用,同时还能对学生的注意力起到调控作用。比如,激活课堂气氛,调节学生情绪,开启学生的智慧,提高思维的质量。

(三)体育课程教学采用的方法要具有灵活性

从实质上来说,灵活的教学方法能够起到不断地启发学生的思维、激发学生对知识的兴趣,并帮助学生形成对事物主动思考质疑的能力的显著作用。

对于教师来说,其要以体育课程教学内容、教学对象为依据精心设计,不断地变化教学方法。同时,还要将各种教学方法综合起来加以运用,不断地引导学生积极思考,切勿采用单一的教学方法,因为,理想的教学效果是任何一种教学方法无法达到的。

(四)体育课程教学采用的教育手段要具有策略性

在体育课程教学过程中,部分学生往往会出现注意力不集中的情况,表现为走神、讲话、做小动作等,这些学生通常是意志薄弱,不能对自己的言行进行有效控制。这些都会对体育课程教学产生不利影响。因此,就要求教师在教育方法上要讲究策略,迅速做出适当的反应使这些消极的心理活动得到及时的调整。

通常情况下,教师要以消极情况和对象的不同为依据,来将要采取的方法确定下来。一是用目光唤回学生注意力;二是走近给以暗示;三是突然停顿讲课,使个别做小动作或无视学习的学生,因突然的静而骤然清醒,回到正题上来;四是创造发言的气氛,调动参与集体活动的积极性,提一些容易的问题,让他们发言,并在发言中对其学习的闪光点给予肯定表扬,鼓励、激发其学习兴趣和学习的积极性。对有些对抗情绪的学生尽量不点名批评,避免正面冲突,做到动之以情,晓之以理。

（五）体育课程教学的责任要明确

体育课程教学本身是一个包括教与学两个方面的双边活动，它是教师传授和学生学习的共同活动。教室要对其主导地位和学生的主体地位有明确的认识。

在整个体育课程教学过程中，教师始终处于主导地位，必须起到主导作用。但是，教师的主导作用必须密切地与学生的学习主动性结合，教学质量是在教与学的互动过程中实现的。教师的教学态度和行为，学生的学习态度和行为，以及双方在教学过程中的交流方式与效果会产生良好的教学质量。"教学相长"，就是说教与学相互促进，其能够将师生之间相互推动、共同提高的关系体现出来，这也是教学的主要目标。

（六）体育课程教学的态度要认真

1. 教案的编写要认真

教案是上课的重要依据，是保证教学质量的必要措施。因此，编写好的教案非常有必要。要认真编写教案，首先要吃透教学大纲的精神实质，然后熟悉教材要，达到融会贯通的程度，对重点、难点做到心中有数，与此同时，还要充分了解学生的实际情况，对其进行充分考量。

2. 要有良好的教态

教师上讲台讲课，首先吸引学生的，就是其良好的形象。教师良好的教态最主要包括衣冠整齐，精神饱满，胸有成竹，声音洪亮、清楚，表情丰富，伴有手势等。

3. 教学要有特色

第一，教学特点要突出。教师的表情、感情、书写会对学生产生直接影响。因此，要求教师讲课要有激情，有了激情，不易发挥的、潜意识的知识都发挥出来了，触类旁通，学生听课的兴趣就更大。

第二，教师课堂上要抓住学生的思路。教师要有良好的监控能力，使学生保持高度的参与性。还要有敏感的自我反思能力，发现学生不注意，就要立即反思自己的教学方法是否有问题，马上调节过来。除此之外，自我效能感也是非常重要，教师自己要先进入角色，才能引导学生跟着走。

五、体育课程教学质量管理的过程

如果用动态的观点来看,教学管理是一种过程,是为实现教学质量标准而实施管理活动的系统过程。这个过程可以简单地概括为:"一个中心,三个阶段"。一个中心即以教学质量标准为中心展开各项工作;三个阶段,即确立标准、检查评估、实施控制。

(一)确立体育课程教学质量标准

就是各个学校以新课程的要求为依据,从本校的实际情况出发,将体育课程教学质量标准体系制定出来。

(二)体育课程教学质量的检查与评估

1. 体育课程教学质量的检查

在将体育课程教学质量标准确立下来之后,学校领导者就应该组织教学质量检查工作的开展。体育课程教学质量检查,是以一定的质量标准对教学过程的各个环节、各个阶段的质量为依据来进行鉴定、评判的管理手段。

一般来说,可以将体育课程教学质量检查的种类,按照不同的标准进行划分,比如,按时间可以分为平时检查与阶段检查;按内容范围可以分为全面检查、部分检查、单项检查;按方式可以分为领导检查、同行检查与自我检查,此外还有年级检查等。

体育课程教学质量检查的方法很多,其中较为常见的有直接观察法、谈话法、材料研究法、考试法等。考试法是检测教学质量,特别是学生学习质量的一个主要方法,其主要有笔试(开卷,闭卷)、口试、实际操作等。

2. 体育课程教学质量的评估

体育课程教学质量评估的方式有很多种,比如常见的有整体评估、部分评估和单项评估。评估的内容有教师的"教"和学生的"学"这两个方面。

体育课程教学质量评估的方法也是多种多样的,其中,经常运用的有层次评估法、对比评估法、数据评估法、因果评估法,要根据具体情况来加以选用。

对教学质量的分析,管理者通常都会对期中、期末考试以后的质量分析非常重视。这是因为期中、期末考试以后的质量分析是在全面检查基础上进行的综合性的分析,对过去阶段的教学具有总结意义,对于今后新阶段的教学则具有指导作用。阶段性的质量分析经常运用的方法主要有数量统计法、比较法和综合分析法等。

(三)体育课程教学质量控制的实施

体育课程教学质量控制,就是指为保证体育课程教学实际质量与教学质量标准相一致而采取的管理措施,这是体育课程教学质量管理的重要组成部分,是不可或缺的重要方面。

体育课程教学质量控制的主要依据为教学质量标准,基础则为体育课程教学质量检查和评估。通过对偏离教学质量标准的现象及原因进行干预和解决,化被动为主动,变不利为有利,堵塞漏洞,填补缺陷,促使教学工作进一步完善,教学质量全面提高,从而达到体育课程教学质量标准。某种程度上来说,控制是实现教学质量标准的基本手段,没有控制,就没有管理。

对体育课程教学质量产生影响和制约的因素有很多,可以将其大体归纳为四个方面,即教师、学生、教学管理和教学条件,其中,教师和学生是最为主要的两个因素。

除了对以上几个因素进行控制之外,还要做好协调工作,主要涉及师生之间、各部门之间、教师与教师之间、教师与管理部门(人员)之间的各种关系,加强信息交流,减少摩擦内耗,以最大的合力促成体育课程教学质量标准的实现。

第七章 创新教育理念下体育课程教学资源的管理

体育课程的组织与开展需要有特定的主体以及一定的资源作保障。只有对相关主体和教学资源进行有效管理,才能让体育课程教学顺利开展,教学任务也能高质量完成。为此,本章主要介绍创新教育理念下体育课程教学资源的管理。

第一节 创新教育理念下体育课程教学主体的管理

一、体育教师的管理

通过对体育教师进行管理,能够在全面贯彻体育教育方针的同时,通过管理来达到使体育教师的思想与业务素质水平得到有效提高,体育教师工作积极性得到提升的目的。学校体育教学管理中的体育教师的管理包含的内容主要有以下几个方面。

（一）教师规划管理

教师规划管理包含的内容主要有以下几个方面。

（1）制定体育教师编制计划。体育教学工作的顺利进行,需要具备一定的基础,即对体育教师进行科学编制。在进行科学编制时,要求体育教师的编制与国家教委颁布的相关条例相符,并与在校学生的比例以及学校的体育教学工作量匹配,数量适当。

（2）制定体育课时工作计划。以全日制在校学生或继续教育学生的必修体育课、选修体育课、课外体育活动指导、课余体育训练工作及校内外体育比赛、学生各种《达标》测试等为主要依据,对每位体育教师的工作全年任务进行公平、合理的安排。

（3）制定体育教师培训计划。体育教师培训计划的制定包括两个方面的内容：一个是短期培训计划的制定，一个是攻读学位计划的制定。安排体育教师参加专业培训或出国深造，从而使我国不同学校教育层次对体育教师的学历达标的要求得到满足，对学校体育水平的提高起到积极的促进作用。

（4）制定体育教师引进计划。以本校体育教师的编制情况、教师的离休及退休情况、体育项目需要情况等为主要依据，有计划地引进高学历的专业体育教师。

（5）制定体育学术交流计划。安排体育教师参加学术交流活动，使体育教师的科研水平和综合素质得到有效的提升。

（二）教师选拔管理

教师是体育教学管理中起着非常重要的主导作用，因此，选拔经验丰富、综合能力较强的体育教师对提升体育教学质量会带来积极的影响。针对体育教师的选拔，其作为体育教学管理中的一个环节，在选拔时应注意遵循广泛选拔和综合考察两大原则。广泛选拔要求选拔教师的选择面要宽，渠道要广。综合考虑教师的业务能力、道德品质、责任心等，力争选拔到德才兼备的教师。

（三）教师聘任管理

对教师聘任工作进行规范化管理，有助于为体育教学工作的顺利开展和质量提升带来良好作用。对教师的聘任来说应始终保持合理性、可行性和优质性。为此，需要遵循如下几点原则。

（1）因岗设人。因岗设人的核心在于选拔教师的原因是由于岗位需要，而不是人的需要。这种选拔思路一改过往的那种注重教师个体发展的选拔思路，如此使招聘环节的功能得到了优化。

（2）职能相称。体育教学中涉及项目众多，这使得即便同为体育教师的教师也会因为各自不同的运动项目侧重而更多承担不同的教学任务，同时，这也使得在教师选拔上也应坚持职能相称，各自发挥所长。

（3）职称评定。符合不同职称等级的教师要给予适当的职称评定，以此让体育教师同其他学科教师一样在学校中有同等地位，如此也更容易建立起体育教师的自信心和自尊心，以期以最好的状态投入到教学工作中。

（四）教师培训管理

体育教师在入职前和入职后都应定期参加培训活动,这是使他们始终了解体育教学发展动态、不断提升任教能力所必须的要求。为了做好相关工作,必要的教师培训管理工作就是不可或缺的。

常见的体育教师培训方式有学院进修、自学考试机构、本校培训等。而最常采用的形式有在职培训和岗位培训两种。

（1）岗位培训。这是一种针对即将成为体育教师的人设置的以满足任教各项要求为目标的培训。这类培训能帮助那些即将进入学校任教的教师更快适应工作,而对其能力的提升主要体现在实践教学技能上。

（2）在职培训。这是一种体育教师在做好日常教学工作的同时,利用业余时间参加培训的方式。这种培训方式主要针对已经开始任教工作的在职教师。

（五）教师考核管理

对体育教师进行定期考核是了解他们任教能力的主要方式。常见考核的方式有笔试、听课等。针对教师考核进行的管理要秉承如下几点原则。

（1）实事求是原则。所进行的教师考核管理秉承实事求是的原则,要求考核管理工作要从实际出发,注重客观真实,考核条件对所有教师保持一致,特别是对主观性评价更要做到这点。

（2）全面性与侧重性相结合原则。教师考核管理的全面性原则要求对教师考核的指标设置要力争全面,同时对个别与教师任教能力关系紧密的指标要有所侧重。只有将全面性与侧重性相结合,才能使考核管理工作更具效力。

（3）发展性原则。对教师考核进行的管理要力求有发展性,这是要求考核的根本目的应着眼于促进教师任教能力的提升,而非在于看重分出的孰胜孰略。

（六）教师评价管理

对体育教师进行评价管理是了解体育教师教学成果和施教能力的一种系统化认识,这类管理是基于多种渠道的信息收集,并配合定性、定量评价进行的。常见的体育教师评价管理的信息收集方式主要有下面几种。

（1）学生评价。作为体育教学主体之一的学生,其对作为知识与技能的传授者的教师进行评价是较为直观的,具有一定说服力。不过,这种评价方式的不足在于受限于学生的情感与认知,使得来自他们的评价中有很多主观甚至偏激的信息,这无形之中会降低信息的可靠性和有效性。

（2）自我评价。自我评价是教师对自己施教过程与结果的评价,这是一种主观性较强的信息获取方式。一般来说,这种评价方式所获得的信息往往高于日常水平,因此,教师在做自我评价时,应尽量做到客观、真实。

（3）领导与同行评价。来自领导与同行的评价通常准确度较高,是一种经常采用的评价方式。

二、学生的管理

在体育教学活动中对学生进行的管理其目的在于促进学生身心的健康发展,并且高质量完成学校体育教学目标。一般来说,针对学生的体育教学管理内容有下面几项。

（一）学生体质健康管理

目前,我国学校学生的体质状况堪忧,而学生体质是否健康,则直接影响着学校培养人才的质量如何,因此,这就要求必须对学生体质健康进行管理。要做到这一要求,需要采取的措施主要包括:学校有关部门与工作者积极向学生宣传教育有关体质健康方面的知识,定期对学生进行体质健康检查,建立健全学生健康管理制度,并将健全组织机构纳入体育工作计划,并分班、分人整理学生的体质与健康档案,将检查结果纳入学生档案,编写登记后汇入总登记册。除此之外,还要针对体弱、伤残的学生建立专门的体育活动制度,开设体弱、伤残体育与保健康复体育课,做好此类学生的体质健康管理工作。同时,还要对全体学生的体质与健康状况进行深入的分析和研究,采取有效措施使学生身体健康得到有效的提升。

（二）学生课堂纪律管理

不论是对于体育课堂教学还是其他学科的课堂教学,用有良好的课堂纪律始终是课程顺利进行的基础。好的课堂纪律需要教师和学生共同来维护,教师作为体育课堂教学的主导者,在进行课堂纪律管理上要下足功夫,其要注意做好如下两方面工作,一是注重对学生维持良好课堂纪律的意识培养,二是教师对学生提出统一的要求,并对这一要求的实现提供尽可能的支持。

(三)学生课外体育活动管理

课外体育活动是课堂体育教学的一种拓展和补充,是学校体育的重要组成部分。针对学生课外体育活动的管理应秉承如下原则。

(1)需要性原则。课外活动的安排要以能切实满足学生的体育活动需要为原则,这些需要包括学生技能的提高、身体素质的提高、人际交流、休闲娱乐等需要。

(2)多样性原则。既然课外体育活动是体育课堂教学的一种拓展与补充,因此就应在课外体育活动中安排更多种类的运动项目,以此满足不同运动兴趣的学生的参与。

(3)指导性原则。尽管课外体育活动并非如课堂体育教学那样严肃,但也不是说这类活动就可以脱离必要的指导。教师对学生的课外体育活动进行必要的指导,是提升活动质量,让学生在运动中有更多收获的必要行为。

(4)可操作性原则。课外体育活动的项目安排应具有十足的可操作性,即运动项目所需的条件、开展形式、开展意义等都要符合学校体育的开展理念,以此使活动的开展富有意义,而且是便于开展和便于获得成果的。

(四)学生学习评价管理

针对学生学习情况评价的管理主要使用下列三种形式。

(1)教师评价。教师作为亲历教学一线的人员,其在教学内容传授过程中与学生有着较多的接触,再结合阶段性的考核,基本可以对学生做出相对准确的评价。教师对学生的评价应注重将形成性评价和终结性评价相结合,务必做到客观公正,并且注重遵循评价的发展性原则。

(2)学生自评。学生是最了解自身体育学习成果的人,因此,在评价管理中引入学生自评是有一定价值的。学生自评的形式应安排在学期末或学年末。不过,学生自评往往会出现"水分"过多的问题,因此,教师在以此作参考的时候应注意筛选出真实信息,而不能简单地全部认定。

(3)学生互评。学生与学生之间朝夕相处,特别是在一些分组、配对完成的体育学习中更是非常清楚彼此的学习成果,因此,学生间的互评结果对评价学生学习成果来说就具有一定的价值。为了使学生互评更加严谨有效,教师在评价开始前要给学生说明一些要点,以引导他们以正确的心态和客观的视野看待同学。

第二节　创新教育理念下体育课程教学经费的管理

一、体育器材经费的管理

学校为组织开展多种体育教学活动,就必须要购置多种相关体育器材,这些器材数量较多,种类各异,每种都有自己的价格和适宜的购买方式。因此,科学管理体育器材经费就显得非常重要。对于学校体育器材的经费管理来说,首先应对器材予以分类,通常体育器材可分为大型体育器材、小型体育器材、体育消耗品和固定体育资产。这几类器材的消耗程度各有不同,相比之下,大型体育器材的消耗程度较小,寿命较长,如篮球的篮球架和足球的球门等;小型体育器材的消耗较大,寿命较短,需要经常性地进行维修、保护以及补充置,如乒乓球、羽毛球、网球等。对体育器材实施科学经费管理的最大意义就在于其有利于提高器材的使用效率和费效比。

（一）减耗增效要求

体育器材都是有其使用寿命的,属于消耗品,但不同器材的消耗速度不同。因此,要想使体育器材的价值充分发挥,对其进行必要的使用规划和后期维护就显得非常重要。在实际的使用中,器材的磨损总是难以避免的,我们对体育器材的管理所要达成的目的绝不是阻止器材的正常磨损,而是确保其少经历非常正磨损,以及维持器材的使用价值,减少其磨损速度。为此,就需要建立起体育器材管理制度,并增设器材管理专职人员。

（二）采购器材预算

随着体育器材的逐渐磨损,现有器材很可能不再能满足教学所需,此时就需要去市场采购,为此要制定采购预算。一般学校采购体育器材的预算主要有下列内容。

1.每年体育器材消耗费用的预算

在正常开展体育教学工作的情况下,每年都会有一定的体育器材消耗,这是非常正常的。这些消耗需要及时补充,以满足体育教学的需求。据统计,多种球类运动中所使用的球,是消耗程度较大的器材。因此,各种球类就成为每年采购预算中的主要项目。

2.第二年增减项目的器材费用的预算

由于种种原因导致的次年体育教学内容的变化而需要相应增加或减少的体育器材费用。这一费用的预算要视具体情况而定。

3.体育教师工作服采购费用的预算

有相关规定要求学校每年要为体育教师购置运动服装,这是体育教师特有的待遇之一。尽管这项费用数额不多,但意义重大,即代表着对体育教师的尊重,以及对其工作的支持。要知道,体育教师必须身着运动服上课,更多的运动使其服装的磨损较大,学校为这部分费用做出预算也是合理的。在实际中,这部分费用的使用较为灵活,一般有学校统一为教师订购运动服装,还有将这部分费用以补贴的形式发放给教师,让其自行购买喜爱的运动服装。

4.机动费用预算

在一些时候,即便学校制定好了年器材采购预算,但实际中总是难免会由于各种原因导致预算不足的情况,因此,再做出一些机动费用预算予以备用就显得很有必要。

（三）采购行为监管

但凡涉及采购行为的,都要辅以必要的监管措施。有效的监管决定的是器材预算是否能真正用在该用的地方,使用效益如何。在对采购行为进行的监管中,除了要关注经费的使用,还要关注体育器材采购的质量和渠道,而对一些吃回扣和开假发票等"黑幕"交易更要监管到位,如此保证体育器材采购的透明度,并有利于促进采购人员的规范行为。

二、体育场馆经费的管理

学校中的大多数体育场馆是在一定体育经费支持的基础上兴建的,用以满足日常的体育教育和训练比赛的需要。作为体育教育的重要场所,体育场所在使用过程中会出现一定的损耗以及为了维护场馆正常功能雇佣的管理人员的工资等都需要另外的经费供应。当然,现代众多体育场馆在平时会对社会开放,用以作为社会体育资源来满足大众体育健身的需要,这种场馆资源的提供不是无偿的,是会根据市场收取一定的场租费用,如此一来场馆也获得了一定的收入。

（一）体育场馆的支出

1. 体育场馆费用的开支分类

不同大小和功能的体育场馆所需的支出有很大区别。具体来说,可按不同影响因素分为以下几类。

（1）按性质分类

按费用支出的性质,可以将体育场馆的费用支出可分为营业成本和期间费用两大类。其中,营业成本与营业收入直接相关,学校体育场馆的营业成本包括设备的维护费用、职工工资、业务费用等。期间费用是体育场馆营运过程中所发生的费用支出,学校体育场馆的期间费用主要包括管理费用、财务费用和营业费用（日常支出及损耗）。

（2）按项目分类

按活动项目,可以将体育场馆开展各项专业业务活动及其辅助活动发生的实际支出分为以下几种,即工资（雇佣管理人员产生的费用）、公务费、设备购置费和维修费等。

（3）按时间分类

按时间标准,可将体育场馆的费用支出分为三种,即体育场馆为取得营业收入直接发生的直接费用;有助于当期营业收入的实现或为数细微、不值得在各期间分摊的期间费用;效用在一个会计期间以上的跨期费用。

2. 体育场馆费用的监控管理

为了能将运行体育场馆的费用落到实处,必须有专人对资金的使用和流动方向进行严密地监管。尽管监管可能会让执行人又不被信任的感觉,单从制度上来说监管仍旧必要,其根本目的在于有利体育场馆的各方面正常运行,因此就要求这种监管要系统全面、精打细算,勤俭节约。具体来说,体育场馆费用的监控管理主要包括两个方面。

（1）出纳员的监控管理

出纳员在体育场馆的费用开支控制管理的一个重要岗位。在实际的工作中,出纳员除了要严格遵守《会计法》、《会计基础工作规范》等财会法规外,还要遵守各场馆所制定的费用支出细则,严格审核支出凭证是否与会计部门制定的内容相符、是否与会计部门制定的金额相符、是否与领款人的印鉴相符,如有疑问应先查询确认后方可支付。

（2）费用开支的监控管理

①制定体育场馆费用开支计划：可以根据本校体育场馆的运营情况制定月计划、季度计划或年度计划,计划一般由财务部门汇总、审核,经相关会议或总负责人审批后执行,并下达各单位费用开支指标。

②制定体育场馆费用开支标准：体育场馆费用开支标准的制定主要包括借款审批及标准,出差开支标准及报销审批,业务招待费标准及审批,福利费、医药费开支标准及审批,其他费用开支标准及审批。

（二）体育场馆的收入

正如前面所提到的,学校体育经费的收入来源主要有事业拨款、学校筹措、社会集资和自行创收等。其中自行创收是学校实现经费自我供给的重要途径,这里主要自行创收中的体育场馆营业收入进行阐述。

1. 体育场馆营业的收入分类

（1）按营销方式分类

按营销方式可以将体育场馆营业的收入分为常规销售和优惠销售两大类。其中,常规销售是按平日的一般价格销售,由此形成的营业收入,它还可分为单项收入和综合收入,是体育场馆营业收入的主要来源；优惠销售是指在特定时期或特定时间进行优惠销售,如节假日的优惠活动、平时对特定的人士或团体实行优惠价等,通常,可以采用折扣优惠、金额优惠、赠送优惠等形式创收。无论采用哪种优惠形式,都应进行经营成本核算。

（2）按结账时间分类

体育场馆的营业收入结账时间主要是即时结账、预收结账、赊账签单结账三种形式。首先,即时结账是指在顾客消费开始或结束时,体育场馆立即得到的并可即时支配的营业收入,消费者可在消费开始时结账或消费结束后即刻结账；其次,预收结账是指顾客在消费之前预付一定的消费金额,在实际消费时冲减,这种结账形式能为体育场馆争取利用资金的时间,并保证收入的稳定；最后,赊账签单结账是指顾客先欠账进行消费,结束之后根据签单来结账。赊账签单结账多为较大额度的消费,使用时应充分考虑消费者的信用度和支付能力。

（3）按计价方式分类

体育项目形式众多,如此也形成了多种计价收费的方式,其中较为流行的几种计价方式如下。

①计时收费。计时收费的依据是运动者的运动时间。当运动者开始使用器材或场地后,计时便开始,直到运动者示意停止运动时结束计时。该费用收取的是场地使用时间,只要计时开始,在该场地内不管有多少人参加运动,费用都以场地的使用时间结算。例如,租乒乓球台、台球桌、网球场地等就是典型的计时收费方式。

②计量收费。计量收费的依据是运动者使用服务设备或器材的数量。例如,射箭馆是以射出的箭的数量作为计价收费的依据,保龄球馆以局数作为计价收费的等。

③计人次收费。计人次收费的依据是参加运动的运动者人数。计人次收费的方式常用于多人消费同一种项目的情况,如健身房、游泳池等场馆。现如今,这种计人次收费的方式被使用得更加广泛,其也成为一些会员制健身场所的主要收费方式。

2. 体育场馆的收入核算

(1)单体项目营业收入核算。

单体项目是指独立经营的单个项目,如健身房、台球厅、篮球馆等。单体项目营业收入的核算方法要求班组做好每日营业收入、单体项目收入的记录,每天的营业收入由接待员登记,收款员按体育场馆财务部规定收款并登记。每日每班营业结束时,收款员填写营业报表,最终完成当天当班的营业收入核算。

(2)营业收入结构核算

营业收入结构核算指在一定时期(月、季、年)的单项收入或分类收入占分类或部门营业收入的比率。在单体项目和分类项目营业收入及部门收入核算的基础上进行分类汇总,最终完成部门营业收入结构核算。

(3)营业收入季节比率核算

营业收入季节比率核算是指体育经营项目的月季营业收入占全年总收入的比率。该核算方法有利于分析各个体育健身项目业务经营的季节变化,为体育场馆的计划编制、工作安排、客源市场开发和客源组织提供参考依据。

3. 体育场馆的利润核算

体育场馆在一定期间的各体育经营项目的收入与各项费用支出相抵后形成的经营成果即为利润。其核算内容和方法参考表 7-1。

表 7-1 体育场馆的利润核算

核算内容	核算目的	核算方法
利润额和利润率核算	反映和监督场馆经营的实际成果	营业利润＝主营业务收入－营业费用－管理费用－财务费用－营业税金
		利润净额＝利润总额－所得税
		营业利润率＝（营业利润率 ÷ 营业总收入）×100%
资金利润率及分解指标核算	从侧面反映和监督设施和资金使用效果	资金利用率＝（利润额 ÷ 固定和流动资金平均占用）×100%
		固定资金利用率＝（利润额 ÷ 部门固定资金平均占用）×100%
		流动资金利用率＝（利润率 ÷ 流动资金平均占用）×100%
劳动效果核算	反映和监督劳动部门劳动力使用的合理程度	部门人均创利额＝部门利润额 ÷ 平均员工人数（年或月）
		部门工资含量＝部门人事成本总额 ÷ 部门营业总收入

三、体育活动经费的管理

学校中的众多体育活动的开展是需要一定的经费支持的,对这部分经费的管理也要细致且到位。这里所谓的体育活动经费包括体育课堂教学所需,但主要为课外体育活动所需的经费,以及学校体育社团的活动经费等。

学校体育活动最常见的形式就是体育社团和各类单项体育比赛,这两种形式的体育活动也是学生最感兴趣和最想参加的,同时也是最能展现学生运动才华的。对于学校来说,这也是丰富校园文化的绝佳抓手。而对体育活动经费的管理,其根本目的就是通过有效的管理手段,提高经费的使用效率,让学生能参加更多、更有益的体育活动。

（一）学生体育社团活动

现如今,大多数学校中都创办有各式各样的体育社团,社团中经常会组织体育活动。这些社团通常为学生自发主办,学校给予一定支持和指导。学校体育社团是学校体育文化的组成之一,学校应适当给予体育社团以经费支持及相关管理,具体的经费管理情况如下。

1. 学生体育社团的经费收入

学校体育社团是由学生自发创建的,尽管其是一种兴趣先导的公益性校园体育运动组织,但要开展活动还是需要一定的经费。体育社团得到的收入一部分来自学校,另一部分来自加盟社团的学生。当然,基于会员的学生身份,所缴纳的社团费用还是象征意义更多一些,以此能保证基本的活动开展。

2. 学生体育社团的经费支出

(1)教师指导费

体育社团中的活动需要有体育教师做必要的指导,这是社团活动开展的重要形式之一,如此也能让社团活动的专业性更强。但体育社团的活动时间通常为课余时间或周末时间,此时如果还需要教师的指导,支付一定的费用是合情合理的。通常来说,这一费用由学校方面承担,并以补贴或奖金的形式发放给教师,由此也是对教师积极参与学校体育文化建设的一种鼓励。

(2)添置器材费

一般来说,学校体育社团所涉及的项目与学校中开展的体育教学大体一致,因此在器材需求上是可以通用的。而如果体育社团的活动项目为非学校体育教学内容之中的,则可能需要另购器材,这部分费用要予以准备。

(3)内部比赛费用

社团内经常组织一些比赛和训练活动,这类活动会需要一些费用支持。费用支出主要为名次评奖的奖品,饮用水等。

(4)外出比赛费用

体育社团中的活动可能会安排有外出比赛的情况,这对于促进学校与学校之间的体育交流,校园体育文化之间的互动等都能起到积极的促进作用。学生也对"对外作战"更感兴趣,有助于培养他们的集体荣誉感和学校归属感。外出参加比赛就需要一定的经费支出,具体支出项目为外出的交通费、伙食费、比赛服装费等。

(二)校内体育竞赛活动

校内体育竞赛活动是课余体育活动的主要形式之一。这类比赛活动的主办方为学校,所举办的比赛项目选择性较多,通常有田径运动会、综合性运动会和单项体育竞赛等形式。学校体育竞赛活动是热爱体育运动的学生展示运动技能和实现自我的绝佳平台,不仅如此,运动会的举办还能为学校积累更多的大型活动举办经验。组织这类规模较大的竞赛活动需要花费较多的资金,为此,应特别在组织过程中做好如下几方面工作。

1. 设置组织编排费

组织编排费,是指负责编排的教师组织制定竞赛规程、召集有关人员开会布置工作、培训裁判、编排竞赛日程、准备裁判器材、安排裁判和比赛队等各种竞赛事项所得的报酬。校内体育竞赛通常规模较大,相伴随的就是更加复杂的组织工作,这期间相关人员的付出是很多的,给予一定的报酬合情合理。

2. 明确裁判劳务费标准

为了提升校内竞赛活动的标准,比赛中都要安排裁判执法,这也是竞赛活动公平公正开展的保障。为此,不论裁判是选择由体育教师出任,还是外聘裁判执法,都要支持一定的劳务费。如果选择学生担任助理裁判或工作人员,则也需要给予奖励,但应以荣誉性奖励为主,如颁发荣誉证书。

3. 合理添置器材

校内竞赛活动所需的器材通常是现成的,但如果是为了提高竞赛举办水平,也会特意购置一些新的设备来增添"正式感"。例如,为开展足球比赛特意购买几个名牌标准比赛用球,为开展乒乓球比赛购买等级更高的球台和用球等。这部分费用,应该有所规划。

4. 安排竞赛奖励

学校体育竞赛活动的奖励以荣誉性奖励为主,主要是为了鼓励学生精神层面的积极性,辅以较少的物质性奖励。因此,费用主要为制作荣誉证书,以及购买一些运动器材等奖品。不鼓励以现金作为奖品。

第三节　创新教育理念下体育课程教学场地设施管理

一、体育教室的管理

不同运动项目开展所需的体育教室各有特点,对体育教师进行恰当管理有助于教室的正常使用与维护。需要说明的是,这里所说的体育教师,是指用于开展体育活动的小型室内活动场所。下面就对不同类型的体育教师的管理方式进行说明。

（一）多媒体教室的管理

现代体育运动教学离不开多媒体技术的支持，而多媒体也成为了体育课程教育所愈发重要的手段。在体育理论和实践技能的学习中都会使用到多媒体教室，教室中的幻灯、计算机等多媒体终端设备为知识与技能的学习提供更为直观化的教学。教室中的许多设备较为昂贵，在日常还需要经常性保养，为此，对多媒体教室进行的管理主要如下。

（1）设专人负责多媒体教室的管理工作。

（2）非教学时间应处于关闭状态。

（3）多媒体教室的使用需要提前申请，并填报使用情况。

（4）多媒体教室中的设备禁止随意移动。

（5）进入多媒体教室要保持清洁，严禁在多媒体教室中进食。

（6）多媒体教室中禁止大声喧哗和追跑打闹。

（7）爱护多媒体教室内的一切设施，如有损坏照价赔偿。

（8）违反以上规定者应予批评或惩罚。

（二）健美操室的管理

健美操室是组织开展健美操教学活动的场所。健美操教学所使用的场地一般不是专用的，而是与舞蹈、体操、武术等课程共用的多功能场地。这类教室中几乎没有设备摆放，所需设施为四面环镜，地板为木质地板或地毯。对健美操室进行的管理主要如下。

（1）设专人负责健美操室的管理工作。

（2）非教学时间应处于关闭状态。

（3）非经允许，不得随意改做其他用途。

（4）学生进到场地中应着相应服装和鞋。

（5）按规定放置个人用品。

（6）场地中禁止大声喧哗和追跑打闹。

（7）进入场地内要保持清洁，严禁进食。

（8）爱护场地内的一切设施，如有损坏照价赔偿。

（9）违反以上规定者应予批评或惩罚。

（三）乒乓球室的管理

乒乓球室是专门组织乒乓球教学训练的专用场地。根据不同学校的场地条件和实际使用需求,乒乓球室可以设置在一个空旷的室内,也可以设置在体育场馆中的一个区域。乒乓球室中放置的器材为乒乓球台。对乒乓球室进行的管理主要如下。

（1）设专人负责乒乓球室的管理工作。

（2）非教学时间应处于关闭状态。

（3）学生进到场地中应着相应服装和鞋,严禁穿皮鞋或黑底运动鞋在场地中运动。

（4）按规定放置个人用品,禁止将物品放在球台上。

（5）禁止坐在球台上。

（6）禁止用手和球拍敲打球台。

（7）违反以上规定者应予批评或惩罚。

（四）健身房的管理

健身房是健美课程教学使用的专用教室。教室中摆放有众多健身器材,有些器材体积较大,价格昂贵,再加上一些器材结构中包含有大量重量块,因此,对这些器材的保养频率很高,保养的专业化程度也较高。如此一来,对这些设备的保养不只是从器材损耗的角度上来看的,更是从使用安全角度上着眼的。对健身房进行的管理主要如下。

（1）设专人负责健身房的管理工作。

（2）非教学时间应处于关闭状态。

（3）练习过程中听从教师指导,不逞强、不蛮干。

（4）进入场地内要保持清洁,严禁进食

（5）严禁在健身房中追跑打闹

（6）规范使用健身器材。

（7）器械的负荷配件在使用过后要放回原处并摆放整齐。

（8）爱护场地内的一切设施,如有损坏照价赔偿。

（9）违反以上规定者应予批评或惩罚。

二、体育场地的管理

（一）水泥场地的管理

绝大多数学校中都建设有水泥场地以供多种体育教学和集体活动使用,其有着建造成本较低、易于清洁,以及易于养护等优点,不足则在于地址硬度较硬,这对学生长时间参加体育运动是有害的,并且较硬的质地还会加重意外摔倒的学生的伤势。

日常对水泥场地的管理主要在于做好清洁和维护工作,具体工作内容如下。

(1)定期打扫水泥场地上的砂石和泥土,特别是下雨后要及时将场地中可能存在的积水摊开。

(2)冬季下雪过后应及时清除场地中的冰雪。

(3)水泥场地在长期使用过后场地中难免会出现一些裂缝或不平整的情况。为此,应定期对场地进行找平,对缝隙进行填充。

(二)木质场地的管理

木质场地通常为多功能场地所用,如健美操教室、武术教室、舞蹈教室等。木质场地的造价较高,相应后期的维护费用也较高,维护方式也更加复杂。木质场地的优势在于脚感好,有微小弹性,更容易清洁。不足在于长期使用后会出现裂纹或起伏。

日常对木质场地的管理主要应做到如下几点。

(1)应设专人负责场地的维护工作。

(2)非教学时间应处于关闭状态。

(3)场地中的固定器材禁止随意移动。

(4)禁止在木质场地内进食。

(5)在场内中禁止以托、拉、拽的方式搬运物品,而应将物品搬起的方式移动。

(6)场地中禁止放置过重的物品。

(7)定期为木质场地做涂地板蜡、涂地板油、涂防滑油等保养工作。具体的维护保养措施见表 7-2。

表 7-2　木质场地的维护与保养

维护方法	具体措施
涂地板蜡	保持地板不干、不裂、不变质。先擦洗,可用碱水或洗衣粉溶液洗擦,然后用清水冲刷、擦净、晾干;再上色,可根据运动项目的需要进行调配;涂地板蜡,将蜡装入用豆包布缝制的小袋内(30 厘米 ×20 厘米),然后从场地某点开始,由前向后均匀涂蜡。3 ～ 4 小时后用打蜡机抛光
涂地板油	保持地板不干燥、不变质和防腐、防滑等功能。一般的,每周涂 1 ～ 2 次地板油即可,气候干燥时次数可视需要适当增加。可直接将地板油洒在干净的线墩布上,用墩布拖擦地板一遍或两遍
涂防滑油	了将防滑油直接洒在线墩布上,然后用墩布拖擦地面。最好是预先用煤油墩布把地板擦净。防滑油应视实际需要涂用。一般来说,场上运动员跑动、跳跃较多的区域应涂油多一些,跑、跳少的区域少涂或不涂

维护方法	具体措施
防滑膜地板	防滑膜地板怕水、怕灰尘,故要经常保持场地内的卫生。没有比赛时,每天用干净的干布拖擦一遍;有比赛时每天擦一遍或几遍

（三）塑胶场地的管理

塑胶场地在许多学校中都有建设,其通常作为全校集体活动、田径运动等活动的场地。塑胶场地的造价较高,易受到磨损,遇水之后会变滑。其优点在于硬度适中、脚感良好,因此也是正式田径比赛的标准场地。

日常对塑胶场地的管理主要应做到如下几点。

（1）场地内只允许开展相关的运动活动。

（2）如在使用前刚刚经历下雨天气,则应尽快采取措施将场地上的水擦干,并做必要的干燥处理。

（3）场地内严禁机动车行驶。

（4）禁止将易燃和带有腐蚀性的物品带去场内。

（5）禁止将过重的物品放置在场内。

（6）进场参加运动的运动者应着运动鞋。

（7）一般对于塑胶跑道来说,最靠近场地内侧的一二道的磨损最大,因此在平日非必须使用的时候应设置保护标识。

（8）若场地中的标识线因磨损变得模糊不清,则需及时重新喷涂。

（9）定期清洗场地,通常应做到每年3至4次。

（10）若场地出现碎裂或脱层等情况,应予以及时修补。

（四）草坪场地的管理

草坪场地是一种造价高昂的体育运动场地,通常有自然草坪场地和人工草坪场地两种,自然草坪场地的价格更加高昂,连同后期的养护费用也是如此,因此只有一些条件较好的学校才能建造,而对一般学校来说,能建造一块人造草坪场地也已经很不错了。不论是天然草坪还是人工草坪,其养护工作流程众多,方式复杂,需要专门聘用人员负责。

日常对草坪场地的维护和管理主要应做到如下几点。

（1）建立健全草坪场地使用规范和养护制度。

（2）严禁机动车驶入草坪。

（3）田径运动中的掷标枪、推铅球等项目在训练时应适当减少使用草坪的次数。

（4）根据季节情况合理使用草坪场地。这里特指天然草坪场地,北方地区的草坪场地应在冬季减少使用,或不使用;春夏两季可正常使用,秋季则需开始逐渐减少使用次数。南方地区的草坪场地则基本没有使用限制。

（5）做好草坪场地的越冬管理。大体步骤包括:越冬前做修剪→早春时期做 1 次滚压→返青后及时浇水。

（五）游泳场所的管理

游泳场所是学生参加游泳运动学习和活动的专门场所。游泳场所占地面积较大,功能区域也较多,因此其管理内容也较多。从总体上看,可以将对学校游泳场所的管理分为对游泳池水质的管理和对场馆设施的管理两部分。

1. 游泳池水质管理

游泳池的水质情况如何直接关系到游泳场所的卫生状况,以及学生的身体健康问题,因此在游泳场所管理中最为重要。国家对游泳场所的水质制定了明确的标准,简单来说,泳池中的水的水质应与日常饮用水同级,并且水温应设置在 26℃以上。

泳池中的水的水质会随着使用时间的增加而降低。为此,为保证泳池水质达到标准,就需要定期换水,换水的标准和方式国家卫生防疫部门也做出了具体规定,游泳场所管理者参照执行即可。为了稳妥,即便定期按标准进行了换水作业,也需要定期取水样化验,检测水质情况是否达标,然后根据检测结果调整混凝剂、消毒剂、中和剂等化学品的使用量。如果在检测中发现水中含有某些严重致病菌,则必须将池水放干消毒后再行注水。

2. 游泳场馆的维护

游泳场馆内部的设施较多,其大多数设施都是围绕卫生设置的。为了保证水质尽可能的清洁,在人进入泳池前都被要求首先进行淋浴,因此洗浴设施及其相应的设施维护就必不可少。

游泳场馆开放前,应将溢水槽洗刷一遍,并将堆积物排除,使排水口通畅,同时要捞出池水表面的杂物,将池底污物清除。

游泳场馆停止开放后,可使用晾池方法进行保养。在南方地区可用水温保护池子。此外,还应做好游泳场馆周边环境及设施的维护和管理。具体来说,游泳场馆使用期间,泳池外的地面,一定要保持清洁,做到岸边无青苔、无杂物。每天应打扫 1 ~ 2 次,并用水清洗。更衣室、通道和池边走道在开放前后都应用水清扫、擦洗、消毒；在游泳场馆停用后，将淋浴室和厕所等处的喷头和把手以及饮水器之类拆下来，妥善保存，以免腐蚀，以利再用。

三、体育器材的管理

（一）体育器材的购置管理

在各级学校中，特别是在高等院校中由于平时开展的体育教学活动较多，种类也更加丰富，随之而来的便是要配备有更全面的体育器材。也就是说，这些器材中的绝大多数都要通过购买的形式获得（也有一些器材会通过接受馈赠的途径获得）。体育器材设备的质量将直接影响体育教学效果，甚至还关乎到教学过程中的教学主体的安全。因此，在购置器材设备时，要经过细致地考评和研究，选择国家正规的体育器材生产厂商的产品，购买器材事物要指派专人全程跟踪完成，以求对购买的体育产品做到严格把关。

在购置学校体育器材时，应结合一些国际单项协会对比赛器材设备上制造厂商的名称、标记或商标的字号、高度等的严格规定，按比赛规则的要求购置体育器材，购置过程中，对体育器材应认真挑选，看其是否符合比赛规则中的有关规定，以免影响比赛、造成资源浪费。

（二）体育器材的入库管理

在体育器材购入后，便要将其分门别类的入库存放。由于体育器材的质地和用途不同，因此特别要对某些器材予以特殊照顾，如木质器材和电子器材需要放置在干燥地区；金属器材不要放置在高处；常用到的器材尽量放置在离门不远的位置上；还有诸如球拍和球类最好放置在专门的保管柜中。另外，一些偶尔用到的精密仪器可以与学校其他贵重仪器放置在一起。

体育器材的管理是一门学科，它包含的内容较多，其中有很多细节更是不应忽视的，为此特将一些经常用到的入库管理方法总结如下。

（1）体育器材在进入器材室或器材库时，应根据发货单进行验收，然后登记入库，通常采取填写器材登记表的形式登记器材设备。登记表应包括器材设备的名称、数量、单价、规格、生产厂家、入库时间和备注等。

（2）体育器材在进入器材室或器材库后，应分类保管，且必须保证器材设备的质量不受影响。例如，跳高和撑竿跳高用的横杆、标枪等器材的保管,必须保证横杆和枪身不变形。多数器材应放在特制的架子上,大型的器材设备可置于干燥的地面上。

（3）为加强器材室或器材库内体育器材的管理,延长体育器材的使用寿命,必须建立设备档案。一方面,应对体育器材进行分类编号,表示器材种类、使用部门、器材序号;另外,将相关的技术资料整理归类,即将设备的品种、名称、规格、价值、数量、生产厂家、购买日期、使用部门、技术数据及使用说明书等有关资料按编号整理保存。

（4）体育器材设备的保管应符合该器材设备的特殊要求,任何器材设备都不能露天放置;在器材室或器材库醒目处都应该有本室存放器材设备的目录和地点,同时做好存放体育器材设备的名称和数量记录。

(三)体育器材的日常管理

当体育器材已经入库后,即开始了对其进行的日常使用管理工作,以高效发挥器材的使用价值,让其物尽其用。不过,体育器材中有一部分属于高消耗器材,在开始使用后就难免出现磨损,即便这是正常现象,但也需要对磨损情况做好记录,以便于工作人员及时对这些器材进行修理、维护或补充。

体育器材日常管理应包括如下环节。

1. 制定体育器材的使用制度

学校体育器材的使用非常频繁,为此,就需要制定一套完善的体育器材使用制度。在制度中应包含器材借出、使用、归还等各个环节,以此能严密追踪器材在各个环节中的情况,同时这也有利于较为准确地计算出器材损耗度。体育器材使用制度中还应包括如下内容。

（1）非课程教学情况下借用体育器材需借用人凭借工作证或学生证,并做登记后方可借出器材。

（2）制度中要明确规定体育器材使用方式以及禁止某些不正确使用器材的行为。

（3）对体育器材的使用同步做好临场监督工作。

（4）认真核实归还器材的数量是否与借出时的数量一致。收回器材的同时检查器材是否有损坏。

2. 制定器材设备的清点检查制度

清查是为了及时维修或报废更新不能继续使用的器材设备。为管理好器材设备,必须根据各种设备的特点建立清点检查器材设备的制度。对所有的器材设备都应做好比赛前的清查、赛后的清查以及年终的清查。

3. 做好体育器材设备的维护和保养

对于一个学校来说,其所拥有的体育器材类别众多、数量庞大。对不同的器材要有不同的维护与保养方法。例如,对球类等皮革制品在贮存时应尽量避光,还可涂抹一些护革油;对标枪、横杆等木质器材应在表面上漆或涂油后贮存;对铅球、铁饼等器材应上油后贮存,以防止铁制器材生锈;对橡胶质地的器材应放置在阴暗角落贮存。

为了做好学校体育器材保管与维护工作,制定一套完善的保管维护计划是非常必要的。计划中要将具体事宜以文字形式表述清楚,管理职责具体到个人。对于一些专业化程度较高的维护工作,可聘用专门人员。器材管理总负责人应定期或不定期地检查器材管理工作,对发现的问题应及时解决。

四、体育场馆的管理

(一)体育场馆的安全管理

体育场馆与其他教学场所有很大不同,这主要与体育运动本身的特点有关系。这种关系主要体现在两个方面,一方面是许多体育运动本身具有高强度、高对抗的特点,如果在运动进行时出现了场馆、场地方面的问题,可能会给正在比赛或训练的运动员造成伤害,如由于足球场地不平整导致的运动员崴脚;另外,体育项目拥有极大的观赏性,通常观看体育比赛的观众较多,会有几千甚至上万人,因此,场馆的安全程度对于观众的安全也是至关重要的,历史上曾经发生过许多体育场馆看台垮塌致大量人员伤亡的安全事故。

为此,做好体育场馆的安全管理工作就显得非常有必要。一般来说,安全管理应从制度和措施入手,具体内容如下。

1. 建立完善的安全管理制度和体系

学校体育场馆的安全管理直接关系到学生以及来参加体育活动的社会大众的生命安全,因此要把安全工作放到重要的议事日程,建立完善的体育场馆安全管理体系(安全操作、维护保证)。

2. 加强对工作人员的安全管理培训

加强学校体育场馆工作人员的安全管理培训,如设施安全、人员安全、卫生安全、消防安全、治安安全等,使管理人员认识到体育场馆安全管理的重要性,同时认识并熟悉安全管理制度,提高其贯彻以预防为主的自觉性和处理安全事故的能力。在培训中应强调以预防为主,同时注意总结经验,摸索规律,及时采取防范措施。

3. 做好紧急情况下的人流疏导工作

在体育场馆开展大型体育活动时,由于运动员、裁判员、工作人员、观众等人数较多,一旦发生紧急事故,应及时疏散人群,因此,平时应做好体育场馆的人流疏导工作。人流组织的核心是避免相互干扰,使各自流线人流畅通。因此,观众人流应与其他人流隔开。具体来说,应在体育场馆内设专用观众入口、通道或楼梯;工作人员、运动员、贵宾应有相应的专用通道和入口,以保证人流在正常和非正常情况下得到安全迅速的疏散。此外,体育场馆内还应设置明显的疏散指示标志,疏散走道应设有天然采光和自然通风装置。

(二)体育场馆的卫生管理

众所周知,当人体处于运动状态中时,身体的呼吸和其他新陈代谢过程会加快。为此,对体育场馆的卫生状况进行管理,给学生一个干净整洁的运动环境就显得非常重要。对于那些观众坐席较多、较紧凑的室内体育场馆来说,更需要一个良好的通风环境,以避免提供给通过空气传播的传染病以蔓延的温床。在对体育场馆进行的卫生管理中,应明确划分区域,每片区域的卫生工作具体到个人,力求做到卫生工作标准化、检查工作制度化。在对场馆卫生状况进行检查工作时做到定期检查与不定期抽查相结合,卫生标准从严。

一般对于学校体育场馆的卫生工作管理会以场馆中的不同区域作为划分依据,具体分区及相应的卫生管理标准可见表7-3。

表7-3 学校体育场馆的卫生管理标准

场馆内场所	卫生管理标准
场地卫生标准	地面无尘土,无杂物,无痰迹,无污点(口香糖迹等)
	饮水台清洁,干净,无杂物
	标箱和果皮箱内外清洁,无污渍
	天花板无灰尘,无蜘蛛网,墙壁洁净无污迹
	门板干净,清洁
	玻璃干净,明亮,无污点

续表

场馆内场所	卫生管理标准
观众席卫生标准	地面清洁,无垃圾,无污迹,不粘脚
	坐椅干净,无污物,无灰尘
	通道和楼梯干净,死角无脏物
	油墙及护栏无尘土、无污迹
厕所卫生标准	地面清洁无污点,无痰迹,无杂物

第八章　创新教育理念下体育课程建设与教学的实践

为促进体育教学质量的提高,必须要在现代创新教育理念下设计体育课程,不断加强体育课程的建设与发展。随着学校体育教育的不断发展,体育课程的内容也日益丰富,但总体来看,传统的体育课程仍然占据主流地位,如田径、各球类运动及民族传统体育运动等。本章就重点研究创新教育理念下这些体育课程的教学设计。

第一节　田径运动课程建设与教学

一、创新教育理念下的田径运动课程建设

(一)我国田径课程建设现状

田径历来就属于竞技体育中的一个大项,也是奥运会金牌设置最多的项目,它也是最早进入我国学校体育教育的一门课程。但随着学校体育教育的不断发展,体育教学内容日益丰富,在这样的情况下,田径课程不再像以往一样受到重视,而是逐渐淡出了学校体育必修课内容,有些学校甚至还取消了田径课程,这对于我国学校田径运动的发展是十分不利的。

总体来看,目前我国绝大部分高校都开设有田径课程,其形式主要有必修课和选修课两种。据调查,当前我国田径课程建设主要存在以下问题。

1. 田径课程开课形式

据调查发现,我国几乎所有的高校都开设了田径课,基本在一年级将田径作为必修课,说明在这一阶段,田径课程还是比较受重视的。

另据调查显示,除去田径作为必修课之外,田径作为选修课时,仅有很少的一部分学生选择田径课程。这说明田径运动的形式和内容都比较单一,学习起来比较枯燥,因此对学生的吸引力不足,这一点要引起重视。

2. 田径课程教学时数状况

在田径课程建设的过程中,教学时数是必不可少的内容之一,田径课程的教学时数主要分为理论课时数和实践课时数两个部分。

(1)理论课时数方面。在田径理论课的学时数安排方面,我国大部分高校每学期只有 2 学时的田径理论课,在这样有效的教学时数下,这种学时状况是难以满足学生要求的。这种田径理论与实践内容课时安排的不合理性直接影响着我国高校田径运动的健康发展。田径运动的发展需要理论与实践的结合,学生田径运动水平的提升同样需要依靠理论与实践的结合,因此学校的体育教育管理部门一定要意识到这一点,做好田径课理论课时的合理安排。

(2)实践课时数方面。田径课程的内容非常丰富,主要有短跑、中长跑、跳远、跳高、掷铅球等项目,通常情况下,这些项目的学时一般维持在 12 ~ 20 学时之间,有很多学校每周上 1 次田径课,共 2 学时。总的来看,我国高校的田径课教学时数还是比较少的,不利于学生学习和掌握全面的田径运动技能。

3. 田径课程教学理论课内容状况

据调查发现,我国大部分高校都不重视田径理论知识的教学,教学时数与教学内容的安排都非常不合理,教学理论的缺失会对学生参加田径实践活动造成一定的不利影响。因为实践是在一定的理论指导下进行的,只有通过理论的科学指导,才能获得理想的实践效果。

我国学校的田径理论课内容主要包括田径运动常识、田径运动特点与价值、田径运动发展趋势等三个方面。这几个方面所涵盖的田径知识并不是很多,加以教师和学生都不是很重视,因此学生就难以理解田径运动丰富的内涵与价值,对学习田径运动产生不利影响。

在田径理论课的组织形式方面,主要是采用班级集中授课的形式,这样的形式有利于教师授课,但不能因人而异、因材施教。专家讲座、专题学习、看录像、学生自学仅占很小的比例。集中授课这一形式可以在短时间内组织学生学习田径运动基本知识,但也存在着一定的弊端。在这一教学形式下,学生属于被动学习,学生也难以深入细致的了解田径运动的丰富内涵,难以激发学生学习的兴趣。因此在未来的田径课程设置中,应该适当调整授课形式,要以创新教育理念为指导多采用现代多媒体形式进行教学,这样能充分激发学生学习田径运动的兴趣,提高教学质量。

4.田径课程教学技术理论课内容状况

(1)课程内容分析。据调查发现,当前我国田径课程内容设置较为陈旧,内容过于简单化,身体训练与技术能力发展的结合不够,也欠缺与其他运动项目的联系。这非常不利于学生学习积极性的提高。

(2)教学组织形式、方法及手段分析。田径课程教学属于一个大而复杂的系统,系统内的要素非常之多,要想实现这一系统的顺利运转,就要合理安排好系统内的每一个元素。教学组织形式、教学方法及手段是重要的基础,直接影响到田径教学效果,因此学校体育教育部门要引起重视。

通常来说,学校体育课堂教学班的人数最好维持在 30 人左右,这样才能有利于取得理想的教学效果。但据调查发现,目前我国有大约46.43% 的高校教学班的学生人数为 25 ~ 30 人,有接近 10% 的高校田径实践课人数超过 30 人,剩下的要多于 30 人,这些学校都需要作出一定的改变,否则会在一定程度上影响田径教学的效果。

教学手段与方法在田径教学活动中扮演着十分重要的角色,一个良好的教学手段与方法体系能保证田径教学活动顺利开展,因此一定要重视教学手段与方法的选择与应用。在新的时代背景下,教学手段与方法的设计要符合现代学校教育的要求,遵循创新教育的基本理念,要尽可能地采用现代化的教学手段组织田径课程教学。目前来看,我国绝大部分学校的田径教学手段与方法都比较单一,缺乏趣味性,需要今后加强更新与完善。

(3)教学内容考核评价分析。教学内容的考核是田径教学体系中必不可少的一部分,一般来说,主要包括理论课考核和技术课考核两个部分,其考核形式主要以"技评 + 达标"和达标两种方式为主。但目前我国绝大部分学校采取的都是以运动成绩为主的方式,这种评价与考核的方式是不合理的,得出的考核结果也不客观、不准确。

每一名学生都是不同的,他们在个性特点、兴趣爱好、运动基础、学习态度和学习水平等方面都存在着一定的差异,仅仅只依据运动成绩来考核难以准确反映学生的学习情况。因此,这一考核方式需要及时的改进与完善,在今后的田径考核中,要采用学生自评、互评和教师评定相结合的方式,将学生运动成绩、学习态度、情意表现、进步幅度等方面的考核结合起来,这样才能得出相对客观的考核结果,从而为教师组织教学活动,学生学习田径运动提供客观准确的依据。

5.田径课程教学教材状况分析

教材是田径教学活动的重要载体，没有了教材，教学活动就难以顺利进行。因此，加强学校田径教材的建设就显得至关重要。据调查，当前我国学校的田径教材建设状况不容乐观。据调查，我国学校使用全国统编教材、自编教材、统编与自编结合、无专用教材四种情况的比例为4：2：2：2。有相当一部分高校没有结合本校实际状况制定适配的田径教材，这严重影响到田径教学质量的提高，不利于田径运动在校园中的发展。

6.田径课程教学场地器材状况分析

场地与器材是上好田径课所需的重要物质条件，缺少了田径场地与器材，教学活动就难以开展。在田径运动进入学校之初，我国高校体育教育相关部门就比较重视田径场地设施与器材的建设。据调查统计，我国有近80%的高校场地器材建设情况良好，能基本满足广大学生的学习需求。但随着我国高校扩招的逐步进行，招生规模日益扩大，在这样的形势下，我国一部分学校的田径教学场地与器材面临着捉襟见肘的局面，亟需学校相关部门加大学校田径基础设施建设，为学生上好田径课提供良好的保障。

(二)田径课程建设的对策

1.注重田径课程设置的趣味性，激发学生学习的兴趣

田径运动本身具有很强的竞技性，学校在引进田径课时通常照搬竞技田径运动训练的内容，这种单一、乏味的教学方式非常不利于学生学习兴趣的激发，不利于学生运动技能的掌握和提高。因此，在全面素质教育改革的背景下，我们要在"健康第一"基本观念的基础上，在创新教育理念的指导下，强调田径课程的趣味性，多设计一些田径游戏练习，以培养学生学习田径运动的兴趣，促进学生田径运动技能的掌握和提高。

2.扩大田径课程影响力，拓展田径运动功能

据调查发现，近些年来我国学生的身心素质呈现出逐年下降的趋势，大学生的身体素质发展不容乐观，这与现代科学技术的利用有一定的关系。现代科学技术在带给人们诸多便利的同时，也带来了诸多的社会文明病。如高血压、冠心病等现代文明病都深深影响着人们的身体健康。而田径运动作为有效的能提高人们身体素质的运动项目理应受到重视。但需要注意的是，与具有趣味性的球类运动相比，田径运动相对枯燥和乏

味,缺乏趣味性,难以引起学生学习的兴趣。而要想改变这一局面,就需要加强田径课程的改革,不断扩大田径运动的影响力,让广大学生深刻认识到田径运动的价值与功能,从而积极主动地参与田径运动。

3. 加强田径教学管理,逐步完善田径教学考核标准

为促进田径运动在我国学校中的发展,在田径教学改革的过程中,要从学生的特点和具体教学实际出发,弥补田径教学的不足,选择合理的教学模式、教学手段与方法等,加强田径课程教学的管理,完善田径教学考核制度,根据学生的具体特点制定个人考核评价表,明确考核的标准,不断推动我国学校田径运动的发展。

二、田径运动课程教学实践

(一)理论部分

田径课程的理论教学内容主要分为以下几个部分。

(1)田径运动基本知识。包括田径运动的起源与发展、田径运动在我国的发展态势与前景、田径名将介绍、田径组织机构与赛事简介、田径竞赛规则与裁判法、田径场地与运动装备、田径趣事与时事新闻等。

(2)田径运动基本理论与学科基础知识。主要包括田径运动技能形成的原理与机制、与田径运动相关的生理学基础、心理学基础、训练学基础等内容。

(3)田径运动创新教学理念、创新教学手段与方法、创新教学模式等的介绍与运用,其目的是培养和提高学生的创新意识,培养学生自觉主动学习的能力和习惯。

(二)实践部分

田径课程的内容非常多,主要项目有竞走、短跑、中长跑、投掷类、跳跃类等,这些项目的教学实践都要遵循一定的理论与原理,以创新教育理念为指导涉及教学手段与方法。受篇幅所限,这里就不一一介绍具体的田径课程实践内容了,只简单讲解各项目实践的大体框架及内容。

(1)竞走项目教学实践。主要分为竞技技术分析和竞走训练两个部分。其中竞走技术分析主要包括竞走技术特点、竞走技术周期分析、竞走基本技术与重点技术分析等内容;竞技训练部分主要包括竞走技术的阶段训练和动作训练两个部分。在上竞走课时,教师要依据创新教育理念

制定合理的教学方案或计划,以此为依据组织与管理竞走课程教学活动。

（2）跑类项目教学实践。跑类项目有很多,其中主要包括短跑、中长跑、跨栏跑、接力跑、障碍跑等内容。在具体的教学实践中,可以分为技术特点分析、技术动作教学与技术动作练习三个部分,教师要在教学过程中给予指导,及时纠正学生的错误动作。

（3）跳跃类项目教学实践。跳跃类项目主要有跳高、撑杆跳高、跳远和三级跳远等几类项目。在具体的教学实践中分为技术动作分析与技术动作练习两个部分。由于撑杆跳高和三级跳远等对人的技术要求较高,同时也存在一定的风险性,因此在学校体育教学中不常开设。

（4）投掷类项目教学实践。投掷类项目主要有投铅球、掷铁饼、掷标枪、掷链球等。教学实践中也分为技术动作分析与技术动作训练两个部分,在练习的过程中,体育教师要指导学生注意动作的规范性,维护学生的运动安全。

由于我国田径教学的趣味性不足,导致很学生都失去了参加田径运动教学的兴趣,因此为激发学生学习田径运动的兴趣,下面主要以田径游戏为例,设计田径教学这一方面的教学实践内容。

1. 走跑类游戏

（1）矮人竞走接力。游戏目的:发展下肢力量、髋关节灵活性。

场地器材:在场地上画5条相距10米的平行线,并按顺序（1～5）编号,1为起点线,5为终点线。线的长度依分队数量而定。

游戏方法:如图8-1所示,将游戏者分成4人一队,每队队员分别于1～4号线后成一路纵队面向终点线站立。游戏开始后,第一组各队排头迅速蹲下,以蹲姿向前走,当走到本队第二人身后时站起,同时拍击第二人肩部,第二人立即蹲下,同样蹲着走向第三人,依次接着走,以最后一人到达终点的先后顺序排列名次。

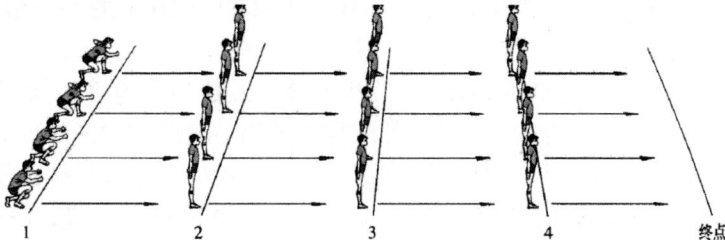

图8-1

游戏规则：

①不准抢走。

②不允许半蹲和站立行走，只许深蹲（全蹲）行走。

③以最后一人脚过终点线先后顺序判定名次。

（2）往返竞走接力。

游戏目的：巩固竞走动作和发展竞走速度。

场地器材：在两条跑道上各画30米长的两条平行线作为起终点，标志杆两根。

游戏方法：如图8-2所示，将游戏者分成人数相等的两队，各队成纵队站立在起跑线后。游戏开始后，每队排头迅速用竞走的方法走至终点绕过标志杆再走回本队，与第二人击掌后，第二人接着再做同样的动作，以后每人都依此法进行，直至全队走完，先走完的队为胜。

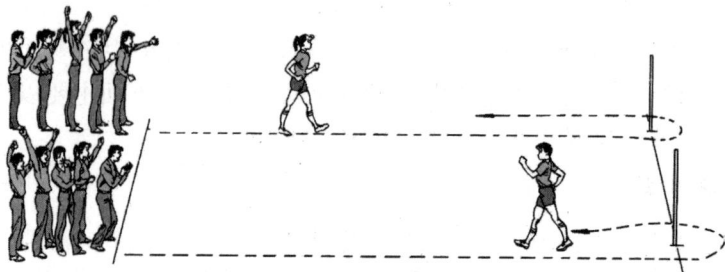

图8-2

游戏规则：

①不准抢走。

②只能用竞走的方法完成游戏。

（3）手持轻物走接力。

游戏目的：发展游戏者的身体平衡能力、协调性。

场地器材：羽毛球拍和网球，在场地上画相距10米的平行线，标志杆两根。

游戏方法：如图8-3所示，将游戏者分成人数相等的两队，成纵队分别站在起点线后。游戏开始后，各队排头手持羽毛球拍，将网球放在拍面上向前走，并绕过标志杆返回到起点，第二个人接过同组排头手上的羽毛球拍和网球，沿着排头的路线前行，直至最后一人完成，先完成的队为胜。

图 8-3

游戏规则:

①手持轻物走时不得跑,轻物掉下应在原位放好再前行。

②不得抢走。

(4)蛇头抓蛇尾。

游戏目的:提高灵活性和奔跑能力。

场地器材:平坦场地一个。

游戏方法:如图 8-4 所示,游戏者用双手抱住前面一人的腰部排成单行,形成"蛇"。游戏开始后,蛇头努力去抓蛇尾的人,前半部游戏者努力帮助蛇头尽可能抓住蛇尾,后半部的游戏者努力帮助蛇尾不让被蛇头捉到。

图 8-4

游戏规则:

①队伍不能被拉断,拉断后抓住无效。

②蛇头触到蛇尾时,即换人做蛇头和蛇尾,重新开始游戏。

(5)你追我赶。

游戏目的:发展快速跑能力和团结协作的精神。

场地器材:在场地上画一边长 10 米的正方形,每个角外画一个直径

1 米的圆圈。

游戏方法：把游戏者分成人数相等的甲、乙、丙、丁四个队，各队站在规定的边线外。游戏开始，各队第一名站在本队圆圈内；发令后，立即按逆时针方向奔跑，各自追拍前面的人，即甲追乙、乙追丙、丙追丁、丁追甲，直到有人被拍着或跑完规定时间为止，然后各队第二人进入圆圈继续比赛。如此依次进行，最后以拍着人多的队为胜（图 8-5）。

图 8-5

游戏规则：

①每个人都要通过角上的圆圈在边线外跑动，否则算被后者拍着。

②只准拍，不准推、拉、绊。

2. 跳跃类游戏

（1）穿梭跳远。

游戏目的：发展弹跳素质和下肢力量。

场地器材：在场上画两条相距 10 米的平行线。

游戏方法：如图 8-6 所示，将游戏者分成人数相等的两队，各队分成两组，成纵队分别站在平行线后面。发令后，各队排头用立定跳远方式，连续跳到对面拍排头的手后站到排尾，对面排头依次再跳到对面拍下一人的手，依次进行，以先跳完的一队为胜。

图 8-6

游戏规则：

①必须用双脚起跳，双脚落地。

②拍手后第二人才能开始跳。

（2）跳跃躲竿。

游戏目的：发展弹跳、协调性及反应判断能力。

场地器材：平坦场地一个，一根长 4.5 米的竹竿，竿头套一根长 1 米的皮管，画一个半径为 5 米的圆圈场地。或用竹竿旋转一圈，游戏者站在竿头里侧。

游戏方法：如图 8-7 所示，游戏者面向圆心站在圆圈上，相互之间约 1～1.5 米的间隔。教师位于圆心，手持竹竿一端，将竹竿抡起平行于地面转动，使竹竿上的皮管通过每个游戏者脚下，游戏者跳跃躲竿。竿的转速快慢酌情掌握，要逐渐提升竿的高度，以增加难度。游戏者碰着、踩住皮管，影响了游戏的正常进行，判为失败。

图 8-7

游戏规则：

①不得离开圆圈站立，必须让皮管完全从脚下通过。

②可用不同方式跳跃躲竿。

（3）看谁跳得快。

游戏目的：发展腿部力量和跳跃能力。

场地器材：在场地画一条起跳线，在前方 10～20 米处画一条平行线为终点线。

游戏方法：如图 8-8 所示，将游戏者分成人数相等的几个队，各队排成纵队站在起跳线后。教师发令后，各队排头为第一组用双脚并跳的方法向终点线跳去，先跳到终点线者为胜。

图 8-8

游戏规则：

①用双脚并跳，不能走或跑。

②比赛时不能抢跳。

3. 投掷类游戏

（1）打墙靶。

游戏目的：发展投掷能力和投掷准确性及投掷技术。

场地器材：在墙上画半径不同的四个同心圆为靶子，中心圆 4 分，依次向外 3 分，2 分，1 分。距靶墙 5 米画投掷线。准备棒球若干。

游戏方法：如图 8-9 所示，将游戏者分成人数相等的两队，每队用一个场地，纵队站在投掷线后，各队排头持棒球。听到口令后，将棒球投向靶子，裁判员记录下环数。第二个人再开始投，直至全队投完为止，统计各队总环数，环数多者为胜。

图 8-9

游戏规则：

①越过投掷线投掷无效。

②按规定的方法投，球压在线上计算较低的环数。

（2）击球出圈。

游戏目的：提高投掷能力，培养团队精神。

场地器材：空场地上画一条投掷线，距投掷线 4 ~ 5 米处，并排间隔

3 米画两个直径 1 米的圆圈,圈内务放实心球一个,另备实心球两个。

　　游戏方法:如图 8-10 所示,将游戏者分成人数相等的两个队,成纵队站在投掷线后,各队排头手持实心球站在投掷线后。教师发令后,排头用实心球投击圈内实心球,击出圆圈外者得 1 分,然后捡回实心球交给后面游戏者,依次进行。全队完成后以得分多的队为胜。

图 8-10

游戏规则:
①球被击中而未出圈或压线不计分数。
②必须在肩上投球,否则无效,不计分数。

第二节　球类运动课程建设与教学

一、创新教育理念下的球类运动课程建设

(一)足球课程建设

1.足球课程建设中存在的问题

(1)教学目标方面。教学目标在校园足球教学中扮演着十分重要的角色,因为一切活动的开展都要围绕这一教学目标而展开,这样才能有的放矢,促进足球教学质量的提高。

①教学目标不明确。目前,我国很多学校的足球教学在教学目标的设置方面都存在一定的问题,这主要体现在以下两个方面。

一方面缺乏足球教学目标的文字说明,没有一个统一的标准,教学目标不明确,导致难以有一个统一的标准,教学活动显得比较混乱。

另外,对校园足球教学目标缺乏指标性描述,没有根据具体的教学实际指出应采用什么样的标准完成教学活动,致使足球教学目标失去了应有的意义。

②教学目标不系统

目前,我国绝大部分学校足球课程教学目标的设置比较单一,主要涉及足球理论、足球技能两个方面,教学目标体系不够系统和完善。除了足球知识与足球技能两个方面外,也不要忽略了思想品质教育,这三者之间要统一起来。足球知识传授要服务于足球技能传授;学生要想学习和提高运动技能要建立在足球基本知识基础之上;而思想品质教育则统一于足球教学实践,只有这三者相互配合,才能提升学生的综合素质,促进学生的全面发展。

③忽视终身体育教育

随着现代社会以及学校教育的不断发展,教学理念也发生了一定的变化。"全面发展学生素质、促进学生健康成长,培养终身体育"成为当前我国学校教育的基本目标,这一目标有助于体育教师更加深刻地认识体育教学对象,能从学生角度出发制定科学合理的教学方案和计划。

在学校足球课程建设的过程中,足球教学目标的设置要突出足球专项的特点,将学生终身体育意识的培养、专项能力提高等作为重要的教学目标。目前我国大部分的学校都非常重视学生足球知识与运动技能的培养,极大的提升了学生的足球运动水平,但在一定程度上忽略了足球对学生终身体育意识个人习惯的培养。这需要在今后将终身体育教育贯彻于日常教学活动之中,这对于学生的全面发展及将来走向社会快速适应社会都具有重要的意义。

(2)教学内容方面。当前,我国大部分学校在足球教学内容的设置方面还存在一些问题,这主要体现在以下几个方面。

①教学内容目的性不强。我国绝大多数的学校在足球教学内容方面主要涉及足球理论、足球常识、裁判知识、运动技术等多个方面,内容还是比较丰富的,但是内容的目的性不强,在教学过程中往往流于形式,实际上并没有取得应有的教学效果。

②教学内容缺乏趣味性。在足球教学中,教学内容是学生学习的重要载体,因此足球教师一定要选择和设计富有趣味性的能激发学生学习积极性的足球内容。但目前我国学校的足球教学内容大都照搬竞技性足球的内容,欠缺一定的健身性和娱乐性。大部分内容主要是足球基本技术和战术教学,很少涉及足球运动的竞赛组织、游戏练习等方面内容。这在一定程度上打击了学生学习足球的积极性,不利于教学质量的提高。

总体而言,我国学校足球教学的内容都比较呆板和无趣,长此以往,学生就会失去学习足球的兴趣,积极性受到极大的打击,在今后尤其是创新教育发展的今天,一定要加强足球教学内容的创新,以激发学生学习足球的主动性和积极性,促使学生以积极饱满的精神状态投入到足球学习当中。

（3）教学方法方面。目前,据调查发现,我国大部分的学校在足球教学方法上还存在着不少问题,突出体现在教学方法比较单一和落后,缺乏必要的创新。这直接导致学生学习兴趣不浓,教师欠缺教学热情,严重影响到教学质量的提高。

在传统教育背景下,教师在教学中占据着绝对的主导地位,学生的主体作用受到抑制,在这样的教学形势下,教师普遍缺乏创新的动机和意识,这就严重影响着足球教学方法的创新,不利于足球教学活动的顺利组织与开展。

通过调查分析,我们可以发现,我国学校足球教学方法较为落后,与学校教育部门对足球教学的重视程度不够有着一定的关系。受各种因素的限制和影响,有很多先进的教学方法未能被引进到学校中。大量的实践充分表明,先进的教学方法和手段对教学质量有着重要的影响,不论是对教师教学水平的提升还是对学生学习能力的提升都有很大的帮助。因此要想促进学校足球教学的发展,要将教学方法的创新放在突出的位置。

（4）教学评价方面。据调查,目前我国学校足球在教学评价方面也存在一些问题,这突出体现在教学评价方式较为落后、教学评价结果欠缺客观、教学评价效果不佳等几个方面。

①教学评价方式落后。我国学校足球教学评价方式的落后性主要体现在以下几个方面。

第一,大部分教师仅仅在足球课结束时,选择一两项足球技术考察学生的掌握情况,这种做法非常不全面。

第二,在平时的课堂教学中,很多教师都根据学生的出勤情况和课堂表现情况给予一定的印象分,这种做法非常不合理,存在着较大的主观成分。

第三,绝大部分学校的足球教师都将考试分数和印象分相加从而得出学生的评定结果,以此评价学生的学习情况。这一种方式也欠缺一定的客观性,有时候得出的评价结果与实际不相符。

综上所述,当前我国的足球教学评价方式还很不合理,难以真实客观地评价学生的学习情况,因此不能将其作为评价教师教学效果的衡量标准。今后需要体育教师结合具体教学情况加以更新与完善。

②教学评价结果不客观。据调查发现,我国大部分学校的足球教学评价体系还很不完善,存在着不少问题,在一定程度上影响着教学质量的

提升,这突出体现在评价结果不客观。当前,我国学校主要采用的是教师分班级授课的方式,足球课同样也沿用这一方式,这种方式的优点是便于组织全体学生学习,有利于提高教学效率,缺点是不能针对个别学生因材施教。当前的教学评价方式无法客观反映教师真实的教学水平,在一定程度上打击了教师教学的积极性,进而影响整体教学质量。

③教学评价无法检验育人效果。在当前现有的教学评价体系下,体育教学主体都难以激发兴趣,现有的教学评价方式也难以检验育人的效果。

第一,评价内容不全面,评价方式也较为单一和落后,往往只重视学生学习成绩的评价,而忽略了学生学习兴趣、情意表现、学习态度等方面的评价。

第二,现有的足球教学评价内容不利于学生终身体育意识和习惯的养成,不利于学生的全面发展。

总之,为了满足足球教学的需要,以及符合全面素质教育的要求,足球教学评价要将重点放在价值判断上,终结评价与过程评价相结合,由单一型评价向综合体育素质评价转化,从而实现评价方式的多元化和科学化。这样才有利于提高足球教学质量,促进学生的全面发展。

2.足球课程建设的对策

(1)制定符合实际的切实可行的足球课程目标。为保证足球教学活动的顺利进行,必须要制定一个合理的符合实际的切实可行的教学目标,在设置教学目标的过程中要考虑各方面的因素,如学生特点、学生运动基础、教学内容与方法、教学组织与管理等多个方面。只有综合这些要素全面的考虑才能制定出合理的教学目标。一般来说,制定的足球教学目标要能使学生掌握基本的足球知识、掌握足球学习的方法和手段、掌握和提高足球运动技能,促进学生足球综合素质的发展等。总之,科学制定足球教学目标有利于我们有的放矢的组织教学活动,从而促进校园足球的健康发展。

(2)要不断完善教学理论与方法。在具体的足球教学实践中,体育教师要学会利用先进的教学理论与方法组织教学活动,同时还要注意这些教学方法是否有效,能否适合我国校园足球教学的实际。可以结合具体的教学实际改造这些教学方法,以形成一个良好的教学思想与方法体系。

体育教师在课堂中讲解足球技术动作时,首先应该将动作要点传输给学生,使学生在大脑中形成一定的动作定型,然后教师正确示范这一技术动作,使学生一边复述动作一边练习,从而巩固动作使这一动作定型,进而掌握和提高运动技能。

除此之外,为符合现代教育的要求,体育教师还要以创新教育为理念,多设计一些足球游戏,并与足球比赛相近的练习相结合,提升学生学习足球的重要性,这样能促进学生运用技术能力的提高,促进学生的全面发展。

(3)要加强足球教学内容的选编工作。足球教学内容的选编对于教学质量的提高具有非常重要的意义,因此一定要引起高度重视。在选择足球教学内容时应考虑以下两个方面的因素。

第一,选择的足球教学内容要具有代表性,选择比较简单的足球动作结构和方法,这样便于学生对足球知识与技能的掌握与运用,同时要注重所选内容的实用价值。

第二,要将足球比赛规则、裁判法、竞赛的组织与编排、足球发展历史以及足球运动中出现的损伤与疾病等内容列入足球教学的内容选择中。

(二)篮球课程建设

受传统教学思想及其他因素的影响,学生的篮球需求也在不断变化,这导致篮球课程建设中存在一些问题和不足。我们需要找出这些问题并寻求解决的对策。

1.篮球课程建设的现状

(1)篮球课程教材方面。目前,我国学校使用的篮球教材主要有高等教育统编教材和地方统编教材两种类型,选用第一种教材的高校居多。没有高校使用学校自编教材。高校不管使用何种教材,都有自己的理由。但本质上而言,与高等教育统编教材相比,地方统编教材更有针对性,它是基于地方高校篮球教学现状的基础上编制的,更符合教学实际。但这类教材也有一定的局限性,欠缺一定的内涵。

为促进学校篮球课程的建设,就必须使用充分融合高等教育统编教材、地方统编教材以及高校自编教材等各类教材优势的篮球教材,这种教材对学校顺利实施篮球教学,提高教学效果都具有重要的意义。

(2)篮球课程内容方法。一般来说,篮球课程的内容主要有篮球基础理论课程、篮球实践课程两种类型,其中理论课程是篮球教学的基础,是实践课程的基础指导;而实践课程则是学生掌握篮球技战术,提高篮球运动水平的重要形式和途径。

①理论课程教学内容。一般情况下,我国学校篮球基础理论课程教学以篮球规则、篮球技战术理论为主,其他理论内容教学相对较少,总体来看还是比较单一的。

第一,篮球教师的理论水平有限,他们擅长讲解与传授与篮球实践密切相关的篮球规则、技战术理论,但对其他理论知识的了解不深刻,水平有限。

第二,篮球基础理论课程的教学课时较少,所以教师只能有选择地挑主要理论内容来进行教学,主要传授篮球规则和技战术理论,为后面的实践教学做铺垫。

目前我国的篮球教学仍以篮球技战术理论为主,据调查发现,很多学生对运动损伤预防知识、保健知识等的需求较大,这说明学生更希望掌握多方面的篮球理论知识,提高自己的理论文化水平,丰富自己的知识结构。同时学生对篮球理论知识的娱乐性也有一定的要求,这侧面说明了我国学校篮球理论课教学对学生的吸引力不够,难以激发学生学习的兴趣。

②实践课程教学内容。实践课篮球课程的重要内容,只有通过实践课程教学,学生才能更好地将篮球理论知识内化,在实践中加以运用。高校是否合理安排篮球实践课程教学,对高校篮球教学质量的高低有直接的影响。篮球实践课程教学中,开展最多的内容是篮球比赛和篮球技术训练,而选择其他实践内容如篮球战术、身体训练、裁判训练的学生则较少,这说明高校篮球实践教学内容单一,虽然篮球比赛和技术训练十分重要,但不能代表篮球实践的全部,只开展这两项内容,难以提升篮球教学质量,难以促进学生的全面发展。因此,加强篮球实践课程内容体系的丰富与完善具有重要的意义,是今后必须要重视的一项工作。

(3)课程考核方面。当前我国学校篮球课程考核的内容主要包括篮球技术、课堂出勤率、学生身体素质等几个方面,欠缺对学生篮球学习过程、学习表现、学习态度及进步情况等的考核,并且考核方式单一死板,无法矫正学生在学习过程中的问题,考核的作用得不到充分发挥。除此之外,我国学校篮球教学考核的指标也比较片面,无法得出学生的真实学习情况,这一点今后需要重视起来,要建立一个完善和合理的篮球课程考核体系。

2. 篮球课程建设的对策

(1)全面提高对篮球课程开展的认识。篮球运动有着较强的娱乐性和趣味性,因此深受热爱运动的青少年的欢迎和喜爱。开设篮球课程,组织篮球活动能极大地满足学生的体育需求,让学生充分认识开展篮球课程的意义与内涵,这对于推动学校篮球运动的发展具有重要的意义。

一方面,开展校园篮球课程能够使学生养成参与体育锻炼的良好习惯,使学生在体验运动快乐的同时提高身心健康水平。另外,校园篮球课程的开展能够促进篮球运动的发展,大批学生参与这项运动,能够带动更多的人参与到篮球运动中,带动全民健身及篮球事业的发展。

(2)增加篮球场地器材的投入,促进硬件升级。目前,我国有一部分学校在篮球场地、篮球器材等硬件方面的建设还存在一定的问题,无法满足学生学习篮球及参加篮球活动的需要,这一方面需要今后进一步改进。《学校体育工作条例》要求学校上级主管部门和学校有关部门按照相关规定对体育场地、器材和设备进行合理配置,学校要在体育教学计划中纳入采购体育器材、修建体育场地、完善体育设备等项目。此外,地方政府部门、教育行政主管部门也要加大对学校篮球硬件设施建设的投入力度,有效整合各方面的资源,优化学校的体育资源配置,为学生学习篮球,参加篮球活动提供良好的环境和氛围。

(3)丰富篮球课程教学手段。在现代教育不断发展的今天,体育教学手段也越来越丰富。在校园篮球课程教学中,教师能否选择合适的教学手段与方法,将直接影响到教学质量的提高。在篮球课程教学中,教师不仅要将丰富的篮球知识和篮球技能教授给学生,还要教学生学会在实际场景中充分运用所学知识与技能。在传统篮球课程中,教师采用的教学方法主要是讲解示范法、练习方法等,而比较新的教学方法如探究式教学、领会法教学、发现法教学等很少被运用到篮球课程教学中。这一点需要今后着重改进。教师只有将多元教学方法运用到篮球课堂上,才能有效激发学生的学习兴趣和积极性,才能促进教学质量的提高。

(4)促进篮球课外活动的开展。课外活动是篮球课堂教学的延伸,是篮球课堂的有益补充。通过丰富的课外篮球活动也能培养学生上篮球课的积极性。因此,体育教师也要重视篮球课外活动的组织,将其作为一项重要的工作内容。

篮球课外活动的价值有很多,如增强学生身体素质、培养学生自觉自律意识、提升学生社交能力、促进学生全面发展等。另外,在学校开展篮球课外活动,可以使学生的个人兴趣得到满足,激励学生主动参与课外活动,促进学生彼此间的友谊,对于其将来走向社会适应社会也具有重要的意义。

（5）加强篮球师资队伍建设、重视科研。师资力量在学校篮球运动发展中扮演着十分重要的角色,作为学校部门而言,要十分重视篮球师资队伍的建设,加强篮球教师的培养和培训,提升教师队伍的综合素质。在篮球师资队伍建设中,提升篮球教师队伍的整体水平的关键是不断加强对篮球教师队伍的专业培训力度,使教师不断学习与进步,深入理解篮球课程,尊重学生的个体差异性,重视每位学生的发展,提高教师对现代教育技术与手段的学习和应用能力,最终促进教师综合素质和教学能力的提升。此外,还要引导篮球教师树立全面的人才观和以提升学生能力为主的教学观,对学生的全面发展给予关注,充分发挥篮球课程的育人功能。最后还要培养篮球教师的科研素养,提升篮球科研水平,推动篮球运动的健康发展。

（6）开展校际篮球比赛,形成特色校园篮球文化。大量的实践与事实表明,举办校园篮球比赛对于学校篮球运动的发展具有重要的作用和意义。目前,我国学校校际间篮球交流较少,各校开展的篮球比赛也没有体现出本校的办学特色,这就制约了篮球比赛的在学生群体中和社会上的影响力,因此需要加强校际间的篮球赛事交流,开发具有校园特色的篮球赛事,这对于促进校园篮球运动以及学生的全面发展都有非常大的帮助。

二、球类运动课程教学实践

（一）足球教学实践

足球教学实践部分的内容主要包括技术教学与战术教学两个部分,其中技术教学部分主要有运球、传接球、踢球、头顶球、掷界外球、铲球、抢断球等内容。战术教学部分主要有进攻战术与防守战术两个部分。受篇幅所限,这里就不再一一讲解具体的动作教学方法了。下面主要介绍富有趣味性的足球游戏教学内容,这也是我国一部分学校足球教学所比较欠缺的。

1. 运球追捕

场地器材:标出一块 30 米 × 30 米的游戏区域,足球若干。

游戏方法:球员分成人数相等的 2 队,每人一球,其中有一个队为追捕方,另一队为逃跑方。游戏开始,追捕方的球员运球并设法用手捕捉逃跑方的同学,逃跑方的球员则尽力躲避。被捕捉到的球员要离开场地,到场外练习颠球,直到本方所有同学都被捉到为止。然后互换角色再进行游戏(图8-11)。

图 8-11

游戏作用:提高球员随意运球的能力和技巧。

游戏规则:按照捕捉逃跑方全部球员的时间长短来决定胜负,时间短的一方为胜。

2."围猎打狼"

场地器材:小足球场地1个,足球若干。

游戏方法:在场地上画一个直径为15米的圆圈游戏区,根据球员人数情况分为2组。一组为"狩猎者",另一组为"狼群"。准备,"狩猎者"持球,站在圆圈的外围。另一组"狼群"分散于圆圈场地内。开始,"狩猎者"在场外踢球,伺机用球踢中"狼",被击中的"狼"退出游戏。并罚做俯卧撑5次(图8-12)。

图 8-12

游戏作用：提高球员踢球的准确性，发展奔跑能力和灵敏素质。

游戏规则：

（1）被围猎的"狼群"均不得跑出游戏区。

（2）踢球时，只准用球击对方的腿部。

3."足排球"比赛

场地器材：排球场地1个，排球网一张，可以随意升高、降低。

游戏方法：将球员分成人数相等的2队，在一个排球场地上。在各自的半场内按位置站立。一个队用手抛球，同伴用头顶球的方法按照排球的规则进行比赛。根据球员掌握动作的技术水平，游戏时排球网可以调整不同的高度。人数也可以有多有少（图8-13）。

图 8-13

游戏作用：训练球员头顶球的能力。

游戏规则：可参照排球比赛的方法进行。

4.脚法大比武

场地器材：足球墙一面，足球20个。

游戏方法：在距足球墙20米处画定一条限制线，所有球员每人持一球站在限制线后。游戏开始后，每名球员轮次将球放在限制线上将球射向足球墙。并根据足球墙上画定的分数区域记分，没有踢进足球墙区域的不得分。所有球员踢完一轮后，开始进行第二轮游戏，一共踢5轮，积分最高的球员获胜（图8-14）。

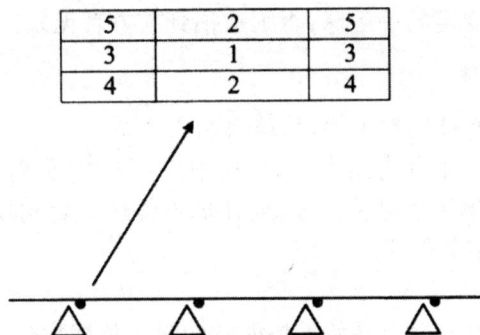

5	2	5
3	1	3
4	2	4

图 8-14

游戏作用：提高球员原地定位球射门的准确性。

游戏规则：

（1）球员必须将球放在限制线上或限制线后任意位置射门。

（2）射向足球墙的球必须离开地面，以球的第一落点击中的区域为准计算得分。

（3）如果射出的球打到足球墙的边沿上，视为射中门杠，可重新再踢一次。

（二）篮球教学实践

篮球教学实践部分的内容主要包括技术教学与战术教学两个部分，其中技术教学部分主要有运球、传接球、投篮、抢篮板球、防守技术等内容。战术教学部分主要有进攻战术与防守战术两个部分。受篇幅所限，这里就不再一一讲解具体的动作教学方法了。下面简单介绍富有趣味性的篮球游戏教学内容，这也是我国一部分学校篮球教学所比较欠缺的。

1. 运球追逐

场地器材：篮球场地 1 块，篮球 6 个或若干。

游戏方法：学生两人一组，每人 1 球，按既定路线相互追逐，追上得 1 分。然后恢复到原来的位置上，换另一只手运球追逐，这样重复练习。在规定的时间内，得分多者获胜。

游戏规则：

（1）运球者只能在圈外运球追逐，不得踩线或进入圈内。凡出现 1 次踩线或进入圈内就算被对方追拍到 1 次。

（2）运球失误时要把球捡起来在失误处继续，此时追拍到前方者无效。

（3）必须用规定的手运球,否则追拍到前方者无效。

2.两人传三球

场地器材:篮球场地 1 块,篮球每两人 3 个。

游戏方法:学生分为两人一组,相距 4 ~ 5 米,面对面站立。两人用 3 个球做原地的单手体侧传接球,要让球不停运转直到规定时间,累加其传球次数,次数多者获胜。

游戏规则:

（1）计算传球次数以开始手持两球的学生传球次数为准。

（2）传球失误时从失误处继续累加下去。

（3）3 个球要始终保持运转,不能有明显停顿。

3."织布机"

该游戏旨在发展学生肌肉的弹性,培养其快速协调能力。

场地器材:储球场 1 个。

游戏方法:如图 8-15 所示,队员面对面手拉手,一人全蹲,一人站立。教师发出口令后,下蹲者迅速站起,站立者迅速下蹲,形成一蹲一起的有节奏的起伏。在规定的时间内看哪一组蹲起的次数最多、最协调为胜。

游戏规则:如同时上下做蹲起,则判失败,不计分数。要求全蹲,且下蹲时不得提脚跟。

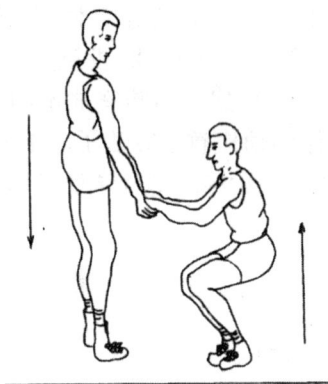

图 8-15

4.手球比赛

游戏目的:培养学生全队配合的意识,提高学生的对抗能力。

场地器材:篮球场地一块,手球 1 个。

游戏方法:在篮球场两条端线的中部各画宽 3 米的球门,每队各 6

人,其中一人为守门员,按照手球规则比赛 8 分钟,得分多的一队获胜。

游戏规则:

(1)可以按照手球规则进行比赛。

(2)不能用过分夸张的动作,造成伤害事故。

第三节　民族传统体育课程建设与教学

一、创新教育理念下的民族传统体育课程建设

(一)民族传统体育课程建设中存在的问题

1.改革目标不明确

目前,我国学校民族传统体育教育的改革还存在不少问题,这突出体现在民族传统体育的改革目标不明确,课程教学内容难以舍弃旧有的以运动技术为中心的课程体系,这严重制约着我国高校民族传统体育课程的建设与发展。

我国体育教育的主要目的在于提高学生身体素质,培养学生终生体育观念,促进学生的全面发展。而民族传统体育作为学校体育教育的重要内容,对学生的素质教育起着重要的作用。因此,在民族传统体育课程改革的过程中,要将学生的体质和健康作为改革的指导思想,强调培养目标、课程设置、管理模式等的建设。目前来看,我国很多高校在民族传统体育课程改革中都存在着改革目标不明的问题,如改革目标与教学内容结合性较差、仍以运动技术的改革为核心、民族传统体育的德育教育受到忽视等。

2.教学模式单一化

当前我国的学校民族传统体育教学主要采用教师示范教学,学生模仿学习的基本模式。这一教学模式在教学初期具有明显的效果,能帮助体育教师顺利地开展教学工作,能帮助学生快速地掌握知识与技能,体现出一定的先进性。但随着现代学校教育的不断发展,这种单一的教学模式已难以适应学校教育的要求。在这种单一的教学模式下,学生容易形成动作定型,造成动作不规范,学生也很难提高学习的效率,另外这种被动性的学习还不利于学生创新意识与能力的培养。因此,加强民族传统

体育教学模式的改革势在必行。

3. 无法摆脱原生形态

当前,西方竞技体育占据我国体育运动的主流,我国民族传统体育受到较大的冲击,在学校中选择民族传统体育课程的学生越来越少,很多高校的民族传统体育教学甚至只是以课外活动的形式展开,这使得民族传统体育无法摆脱原生形态。为改变这一状况,学校相关部门要寻求多种促进民族传统体育课程建设与发展的途径,将民族传统体育与其他形式的体育运动相结合,吸引学生的注意力,逐步摆脱陈旧的原生形态,促使民族传统体育课程向着多样化和创新方向发展。

4. 教学经费投入有限

为促进我国民族传统体育的发展,我国教育部门先后出台了多项关于民族传统体育发展的政策,这取得了一定的成效。据调查发现,当前我国各界对高校民族传统体育教学的支撑大多都只停留在理论上,缺乏具体的实施,并且实施的力度也不够。

目前,我国学校教育部门对学校教育的资金投入有限,导致民族传统场地、设施、器材等的建设不够,严重影响着学生的课内外锻炼。在很多高校,推进民族传统体育教学只是一句空口号,由于教学硬件建设不足,民族传统体育只是作为一项课外活动内容来进行。这一情况对于我国学校民族传统体育的发展是十分不利的,需要相关部门引起高度重视,加强教学经费投入,拓展资金来源途径,吸引社会投资,加强民族传统体育的基础设施建设。

(二)民族传统体育课程建设的对策

1. 提高对民族传统体育的认识

在当前学校教育背景下,为促进民族传统体育在学校中的发展,就需要加强民族传统体育课程的建设,而建设民族传统体育课程首先就要转变旧有的思想观念,以创新教育理念为指导,提高学生对民族传统体育的认识。

(1)学校民族传统体育的发展离不开高校领导的带领作用,因此学校民族传统体育课程的建设要在学校领导的带动下进行。学校领导要深刻认识到民族传统体育的价值以及明确建设民族传统体育课程的意义,转变旧有的思想观念,以创新教育为理念推进民族传统体育课程的建设。

（2）对于体育教师而言，在平时的教学过程中要时刻灌输学生创新教育的基本理念，遵循民族传统体育的特殊特点，有针对性地组织与开展教学活动，促进教学质量的提高，进而推动民族传统体育在学校中的发展。

（3）随着学校教育的不断发展，我国学校民族传统体育课程内容也越来越丰富，太极拳、长拳、保健气功等都是当前大部分学校开设的传统体育课程，为进一步激发学生学习民族传统体育的积极性，学校可以引进或改进一些富有趣味性的适合学校开展的民族体育项目，以满足学生的个性化需求。

（4）目前，总体上来看，我国大部分学校都存在着重竞技体育，轻民族传统体育的现象，这对于我国民族传统体育在学校中的传播与发展是非常不利的。为改变这一局面，在今后的民族传统体育教学中，必须要灌输学生正确的民族传统体育发展的理念，让学生充分认识到民族传统体育的内涵与价值，从思想创新，理念创新、方法创新等方面不断加强民族传统体育课程的建设。

2. 明确民族传统体育发展方向

民族传统体育课程的建设，是一项非常复杂的任务，要想实现民族传统体育课程建设的目标，首先就要明确民族传统体育发展的方向，这样才能有的放矢，朝着正确的方向前进。在西方竞技体育占据主流的今天，发展我国的民族传统体育并不容易，受西方竞技体育的冲击，有一些民族体育项目甚至濒临灭亡。因此，我们要承担起保护民族传统体育的责任，不断加强民族传统体育文化的弘扬与传播，提高民族传统体育的话语权，推动民族传统体育的全面发展。

高校承担着推动我国民族传统体育文化传播与发展的重要任务，因此学校各教育部门要通过各种途径和手段不断整合民族传统体育资源，创新与改革民族传统体育项目，引入高校体育课堂之中，让学生更加深刻地了解和认识民族传统体育的文化内涵，意识到民族传统体育对我国社会主义现代化建设的巨大作用，这样才能推动我国民族传统体育的健康快速发展。

3. 推进民族传统体育课程改革

当前，我国民族传统体育的课时相对较少，课程安排也不是很合理，这非常不利于民族传统体育在学校中的发展。因此我们必须要加强民族传统体育课程的改革。在今后的发展中，可以适当延长体育课的年限，增加体育课学时，加大民族传统体育的学练时间，开展各种民族传统体育活动,以为学生营造一个良好的民族传统体育学习氛围,在这样的氛围下,学生能积极主动地去学习,从而提升民族传统体育教学的质量和效果。

目前,我国绝大部分学校的民族传统体育课程设置都比较狭窄、内容较为单一,在这样的情况下,培养出的人才与社会需求相脱离,导致出现学生就业难的问题,更形成一种恶性循环。因此,加强民族传统体育课程改革还需要从社会需要出发,并结合学生特点和学校实际构建一个科学、完善和合理的民族传统体育课程。

二、民族传统体育课程教学实践

由于我国学校民族传统体育课程的内容非常多,受篇幅所限,这里主要讲解散打课程的教学内容。

(一)理论部分

为保证散打课程教学的质量和效果,教学设计要以创新教育为基本理念,构建一个科学的理论体系,从而为散打课程教学提供一定的理论指导。在创新教育理念下,散打课程理论部分的内容可以从以下方面重点考虑。

(1)散打基本常识。包括散打的起源与发展、散打规则与裁判法、散打名将介绍(这一部分可以运用多媒体教学的方式让学生观看散打名将的比赛视频,激发学习的兴趣)、散打场地与设备等。

(2)散打运动有关的理论基础与原理。包括与散打运动相关的学科理论基础,如运动生理学、运动训练学、运动康复学和营养学等理论基础。体育教师在上理论课时要讲解散打运动的基本原理与机制,丰富学生的散打理论知识体系。

(3)散打创新教学方法与手段的介绍,帮助学生掌握学习散打理论与技术的方法,从而为学习质量的提高奠定良好的基础。

(4)体育教师引导学生养成终身体育的意识和习惯,在具体的教学过程中充分贯彻"创新教育"与"终身体育""以人为本"等理念。

(二)实践部分

1.基本步法

(1)滑步。

①前滑步。前脚向前方大约25厘米处滑进,后脚跟进,重心不变。

②后滑步。后脚向后方大约 25 厘米处退步,前脚随之退后,重心不变。

(2)垫步。后脚蹬地,向前脚内侧靠近,前腿屈膝抬起。

(3)交换步。双脚蹬地起跳,在空中完成前后交替,上体顺势 120°转动,落地后姿势与预备姿势相反。

(4)闪步。左(右)脚以半步距离向左(右)移,右(左)脚随之移动;身体顺势向右(左)转 90°。

(5)击步。前脚(后脚)蹬地,后脚掌(前脚掌)擦地以半步距离后退(前移),前脚(后脚)再以相同的距离后退(跟进)。

2.基本拳法

(1)冲拳。以左冲拳为例。向右侧转腰,稍前移重心,左手内旋,直线向前打出左拳,拳心朝下。

(2)抄拳。以左抄拳为例,重心稍降低,从下向前上方勾左拳,大小臂折叠 90°~110°,拳心向内。

(3)掼拳。以左掼拳为例,上体向右稍转;同时左拳向外(45° 左右)、向前、向里横掼,稍屈臂,拳心向下,力达拳面;右拳在右腮旁保护。

3.基本腿法

(1)蹬腿。以左蹬腿为例,预备势,右膝稍屈,抬左腿,勾脚,以脚跟领先蹬向前方,力达脚跟。

(2)踹腿。以左踹腿为例。预备势,稍向后移动重心,稍屈右膝以支撑,屈左膝并抬起,小腿向外摆,勾脚尖,脚掌与攻击方向正对,直膝展髋踹向前方,脚尖横向,力达脚掌。

4.基本摔法

(1)闪躲穿裆靠摔。对方用左冲拳击打头部时,我方迅速屈膝下蹲,巧妙避开。同时左手抓在其左膝处,右臂将其右膝窝别住,头向对方胸部用力顶,集中发挥上体的力制衡对方,使其失去重心摔倒。

(2)抓臂按颈别腿摔。当对方用右掼拳击头部时,我方立即左转体,左臂向左上架将对方右拳挡住,左手将其右腕抓住,进一步转体同时用右腿将对方右腿别住,用右臂将对方颈部拧向左下方,左手拉其右臂,使对方失去重心摔倒。

(3)抱腿压摔。对方用左腿踢上体时,我方主动向其靠近,右手抓左脚踝,左肘夹左膝,右脚向后退,向后转体下蹲,右手用力向上扳其左小腿,使其重心不稳而摔倒。

（4）接腿搂颈摔。对方用右脚踢上体，我方左手抓右小腿用力上提，右手搂颈部向右下方压，同时右脚绊左脚使其重心不稳而摔倒。

参考文献

[1] 陈民 . 高校教育管理创新与实践 [M]. 长春 : 东北师范大学出版社 , 2020.

[2] 杨兰军 , 吴绘萍 , 国俊保 . 创新思维与教育教学管理创新 [M]. 长春 : 吉林出版集团股份有限公司 , 2016.

[3] 张振华 . 体育课程学 [M]. 北京 : 北京师范大学出版社 , 2019.

[4] 张瑞林 , 闻兰 , 黄晓明 . 普通高等学校体育课程建设理论与实践研究 [M]. 北京 : 北京体育大学出版社 , 2005.

[5] 李松洋 . 高校体育课程建设创新实践 [M]. 北京 : 现代出版社 , 2018.

[6] 李秀奇 , 姜文晋 , 唐晶 . 新课标下学校体育课程建设与发展研究 [M]. 徐州 : 中国矿业大学出版社 , 2018.

[7] 任婷婷 . 高校体育教学管理改革与模式构建 [M]. 长春 : 吉林大学出版社 , 2017.

[8] 董大志 , 周余 , 陈维富 . 现代体育教学管理探索与课程实务研究 [M]. 北京 : 中国书籍出版社 , 2016.

[9] 唐丽霞 . 高校体育教学与管理 [M]. 北京 : 兵器工业出版社 , 2018.

[10] 陈长魁 . 高校体育教学与管理研究 [M]. 长春 : 东北师范大学出版社 , 2019.

[11] 曾天山 , 褚宏启 . 现代教育管理学 [M]. 北京 : 教育科学出版社 , 2014.

[12] 肖林鹏 . 现代体育管理 [M].3 版 . 北京 : 北京体育大学出版社 , 2015.

[13] 贺善侃 . 教育创新与创新教育 [M]. 上海 : 东华大学出版社 , 2012.

[14] 杨曼英 . 创新教育导论 [M]. 长沙 : 湖南师范大学出版社 , 2009.

[15] 王德清 . 课堂教学管理学 [M]. 重庆 : 西南师范大学出版社 , 2009.

[16] 王嘉德.现代教学管理实务 [M].北京：龙门书局,2007.

[17] 许建成.浅论创新教育与体育教学 [J].教育与教学研究,2003,017（002）：67-68.

[18] 田世海,王宇奇,李继承.自主学习视角下大学生创新教育模式优化研究 [J].黑龙江教师发展学院学报,2020,39（05）：26-29.

[19] 邓星华、谭华.新编体育教学论 [M].上海：华东师范大学出版社,2008.

[20] 李卫东.体育课程教学模式 [M].北京：高等教育出版社,2018.

[21] 李会明,王利华.对高校体育课程设置现状的分析与思考 [J].大学教育,2015（04）：37-38.

[22] 王岚田.基于体育课程改革背景下的我国高校体育教学研究 [J].田径,2020（04）：48-50.

[23] 王子蒙.南京市部分高校体育课程设置的现状调查与分析 [J].当代体育科技,2018,8（21）：118-120.

[24] 赵春琪.大学体育教学与管理 [M].北京：科学技术文献出版社,2017.

[25] 王力.体育教学管理与技术应用 [M].长春：吉林人民出版社,2018.

[26] 陈敏.大学生体质健康与当代体育教学管理 [M].哈尔滨：哈尔滨地图出版社,2019.

[27] 赵琼,马健勋,叶晓阳.当代体育教学管理研究 [M].北京：中国纺织出版社,2017.

[28] 燕成,宋顺.现代高校体育教学管理与实践创新 [M].北京：九州出版社,2018.

[29] 张宁.学校体育教学与管理研究 [M].沈阳：白山出版社,2015.

[30] 程江涛.体育教学组织与管理研究 [M].郑州：郑州大学出版社,2017.

[31] 李红霞.体育教学工作的科学组织与管理 [M].北京：中国水利水电出版社,2016.

[32] 黎明,朱树旺,李清瑶.新时代体育教学发展之路及实践管理探究 [M].北京：中国商务出版社,2018.

[33] 杨可文,谯建华.高校体育管理与教学质量保障体系的构建研究 [M].长春：吉林文史出版社,2018.

[34] 张守忠,张长礼,张营.我国普通高校体育教学工作的科学组织与管理 [M].长春：东北师范大学出版社,2018.

[35] 翟华楠.学校体育教学体系的构建与管理探索 [M].北京：地质出版社,2016.

[36] 林琳.学校体育教学创新的运思与实践 [M].沈阳：辽宁教育出版社,2018.